L'adulte surdoué
à la conquête du bonheur

Monique de Kermadec

L'adulte surdoué à la conquête du bonheur

Albin Michel

« L'homme isolé est un homme vaincu. »

Alain

« De quelle manière l'homme survit-il au choc qu'il y a de n'être pas tout ? »

Georges Bataille

« La grandeur d'un métier est peut-être, avant tout, d'unir les hommes. Il n'est qu'un luxe véritable, et c'est celui des relations humaines. »

Antoine de Saint-Exupéry

Prologue

Chère Madame de Kermadec,

Cette année, j'ai reçu le plus beau cadeau de Noël : votre livre. Il m'est littéralement tombé dans les mains, sans que je comprenne vraiment comment, alors que j'arpentais les rayons d'une librairie il y a deux semaines. Je pense que ça n'était pas conscient, je n'avais aucune raison de m'intéresser au sujet. Mon inconscient, lui, a dû me mener vers votre livre, car il était temps, je crois, que mon chemin vers la lumière débute enfin.

La lecture de votre livre m'a fait l'effet d'une libération, j'ai versé beaucoup de larmes et il m'arrive encore de pleurer en y pensant, car tout ce que j'y ai lu m'a parlé de moi et de ce que je semblais connaître si bien mais comprendre si peu. J'ai ressenti physiquement cette libération, comme un masque qui peut enfin tomber parce qu'on comprend que, oui, on va pouvoir s'accepter comme on est, différent, et travailler pour son bonheur comme pour se libérer et vivre sa vie pleinement.

Je voulais vous remercier pour votre compassion si sincère, pour votre travail titanesque sur le sujet de la douance et pour tout ce que vous avez fait, faites et ferez pour mes semblables.

Je commence mes visites chez un spécialiste en janvier.

Sans vous et votre livre, je serais sans doute passée à côté de la lumière, enfermée dans cette caverne que décrit si bien Platon, condamnée à voir le monde à travers ses seules ombres projetées sur un mur.

Introduction

Dans *Le Livre à venir*, le célèbre écrivain Maurice Blanchot questionnait les étranges rapports entre la pensée et la souffrance : «Est-ce que l'extrême pensée et l'extrême souffrance ouvriraient le même horizon? Est-ce que souffrir serait finalement penser?» s'interrogea-t-il. Des personnalités telles que Pascal ou Ray Bradbury, James Joyce ou Léon Tolstoï ont chacune à leur tour et à leur époque anticipé cette interrogation. Pour moi, clinicienne, ce sont les dizaines d'adultes diagnostiqués à «haut potentiel» par le test de «douance» auquel ils se sont soumis qui remettent cette question au cœur de l'actualité de mon cabinet, et des centaines de lettres, toutes aussi bouleversantes que celle de cette femme, continuent de me la poser avec les mêmes accents désespérés.

En effet, si ces personnes viennent me voir aujourd'hui – et je me garderai d'évoquer le nombre d'adultes en proie à une souffrance dont ils ne comprennent pas la raison, qu'ils taisent à leur entourage, et qui n'osent pas franchir le pas de la consultation –, c'est que cette question ne cesse de se poser d'abord à eux, et, dès lors, ils ne cessent de me la poser dans l'espoir de trouver, à défaut d'une solution à leur souffrance, au moins une explication.

J'ai déjà évoqué, dans mon livre précédent[1], l'histoire d'Hélène Grimaud, adulte surdouée, pianiste et écrivain remarquable, parce qu'elle a su mettre des mots sur sa souffrance dans son autobiographie si singulière, *Variations sauvages*[2], où elle a décrit à quel point elle a dû lutter pour imposer sa différence, et l'assumer dans le choix d'une vie atypique, entre son piano et ses loups. Jodie Foster, comédienne et réalisatrice américaine, a été elle aussi diagnostiquée à « haut potentiel » au terme des tests d'intelligence qu'elle a passés. Elle a raconté dans son film *Le Petit Homme* ses « ruminations obsessionnelles », sa souffrance et ses difficultés à s'intégrer dans n'importe quelle communauté – famille, amis ou relations professionnelles.

C'est en effet parce qu'ils pensent trop, trop vite, et selon des clés qui ne sont pas les nôtres, avec une intensité et une célérité trop fortes pour le commun des mortels, que ces patients souffrent. Tous les jours, je reçois des lettres qui expriment cette difficulté, qui épousent tout le nuancier de ce sentiment, du simple chagrin à la plus violente douleur :

> « Le sentiment d'incapacité est très fort chez moi. Je sens bien que mes pensées, mes idées paraissent bizarres à beaucoup de personnes alors je m'abstiens d'en faire part. Que ce soit en réunion ou en famille je reste à l'écart. Je pourrais hurler, parfois, alors mieux vaut que je me taise. »

> « Aujourd'hui, je n'ai quasiment pas de proches, les personnes que j'aime ne me supportent pas, s'en vont. Je suis un handicapé social. Je m'isole et j'ai du mal à supporter le poids

1. *L'Adulte surdoué. Apprendre à faire simple quand on est compliqué*, Albin Michel, 2011.
2. Hélène GRIMAUD, *Variations sauvages*, Robert Laffont, 2003.

de cette armure astucieuse que je me fabrique. Je me dévalorise, je suis passé par l'alcoolisme et les faillites successives même si ma position sociale est aujourd'hui en apparence enviable. Lorsque le masque tombe, je suis abominablement seul. »

Bien évidemment, s'il advient qu'on leur conseille de passer les tests de quotient intellectuel, et si ceux-ci révèlent leur haut potentiel, la plupart ne se sentent pas soulagés par le diagnostic. La honte et la terreur de leur différence s'estompent un moment parce qu'ils peuvent enfin mettre un nom sur ce qui les distingue et les tient à l'écart, mais leur souffrance n'en est pas éradiquée, ni leur mal-être. Celle que j'appellerai Ève résume tout à fait cet état d'esprit dans sa première lettre, adressée comme une bouteille à la mer :

« Je pourrais écrire un livre sur tout ce que j'ai essayé pour trouver une solution au mal-être que je ressens depuis des années. J'ai commencé par le nier puis j'ai tenté de faire comme les autres. Comme les personnages de Pirandello, j'ai cherché à m'inscrire dans un scénario. J'ai cherché mon auteur jusqu'au jour où j'ai pris conscience que l'auteur ne pouvait être que moi-même. J'ai souvent consulté des psychologues, pour divers problèmes que je souhaitais résoudre, et il m'est apparu petit à petit que mes problèmes me venaient essentiellement de ce que j'étais surdouée. Passer avec succès les tests d'admission à MENSA me l'a confirmé. Rencontrer des gens surdoués est certainement intéressant pour moi, mais cela ne répond pas à un besoin plus profond, celui de mieux me comprendre, mieux m'accepter comme je suis, et m'appuyer sur mes qualités pour avancer dans la vie. Comment faire ? J'ai consulté des thérapeutes tout à fait compétents mais peu familiarisés avec mes “spécificités”, et malgré une réelle bonne volonté de part et d'autre, je souffrais de les entendre dire des choses complètement à côté de la plaque. Cela m'a fait petit à petit renoncer… Je m'épuise à chercher et chercher encore seule et j'avoue que je suis parfois découragée… »

Mon précédent ouvrage s'appliquait à donner des clés aux adultes qui ressentaient l'inconfort de leur différence pour qu'ils puissent vivre une vie plus riche, plus satisfaisante, plus en accord avec leurs aspirations profondes. Il m'arrive de revoir, parfois dix années après nos rencontres, certains d'entre eux. Parmi ceux qui m'avouent avoir atteint leur objectif premier – trouver une place dans la société –, s'ils ont évité d'être systématiquement la cible des discriminations qui les frappaient où qu'ils aillent et quoi qu'ils fassent, ils éprouvent tout de même ce sentiment diffus, léger ou plus profond, d'une souffrance. Et pourtant, ils ont appris à consolider une image positive d'eux-mêmes, ce qui était l'objet de notre travail commun. Grâce au diagnostic délivré par leurs résultats aux tests de QI, grâce à leur travail qui leur a permis de mettre un nom sur leur difficulté à comprendre les raisons de leur différence, et même s'ils se sont affranchis du regard de l'autre sur eux, ils ne sont pas tous parvenus à soigner leur souffrance, jusqu'à ce qu'elle disparaisse.

Pourquoi ? Pourquoi continuent-ils de souffrir, et même lorsqu'ils ont entrepris d'embrasser pleinement leur destin, et qu'ils ont trouvé leur voie, ressentent-ils encore ce manque ?

C'est à cette souffrance que ce livre s'intéresse aujourd'hui. À cette souffrance, mais aussi et essentiellement aux solutions que les adultes surdoués peuvent lui trouver. Car si chacun souffre de façon différente, à des intensités différentes, c'est toujours sur le même plan qu'ils ressentent leur douleur : la carence d'un lien avec l'autre et avec le monde, et le sentiment terrible de solitude et d'incompréhension qui en découle. Tous ont été amenés à faire ce même constat : sans partage, tout baigne dans l'inanité. Ève, Pierre, Sophie, Albert, François... tous ceux qui me parlent et se cognent aux murs de leur solitude, si originaux, si singuliers soient-ils, ont ces mots en commun à la bouche : « Je souffre parce que je me sens seul. Je suis seul. » L'adulte à haut potentiel, même lorsqu'il a une position sociale enviable, vient me confesser, presque avec honte et culpabilité, que sa vie n'a aucune importance à ses yeux parce qu'il a l'impression qu'elle ne compte pas pour autrui, sinon pour l'inquiéter, et qu'elle ne lui apporte aucun bénéfice. Il a l'impression de n'être jamais relié au monde, aux autres, ni à ceux qu'il aime.

Là est sa douleur : son formidable potentiel et les conduites qu'il a adoptées pour y répondre ont abîmé, voire empêché, tout lien avec l'autre. Il a dès lors l'impression que sa mort ou sa vie laissera son entourage indifférent. Et il y a pire encore : il a le sentiment que sa souffrance, loin de susciter au mieux la compassion, au moins l'empathie, pèse sur les autres, ou même les indispose.

Réparer le lien, ce cordon ombilical qui nous relie au monde, qui nous permet de recevoir l'amour nourricier, la reconnaissance constructive, l'affection fondamentale d'autrui pour enfin se déployer pleinement, dans la jouissance de sa différence, voici ce que propose cet ouvrage, rédigé au terme d'années d'écoute et de tableaux cliniques. Pour que l'adulte à haut potentiel, ce « surdoué », puisse enfin, lui aussi, connaître le goût du bonheur.

PRÉAMBULE

Bref rappel des caractéristiques de l'adulte surdoué, ou à haut potentiel

J'ai largement exposé les traits de caractère propres à l'adulte surdoué (doté d'un QI supérieur à 130 – 2,2 % de la population) dans mon précédent ouvrage, mais, au risque de ne pas comprendre la suite de l'exposé, il convient avant tout de les remettre rapidement à l'esprit, sans quoi l'essentiel des données manquera pour poursuivre la lecture de cette étude. Il s'agit, bien évidemment, d'un portrait-robot, qui ne traduit pas l'infinie complexité de chacun de ces individus, les rouages extrêmement délicats de leur mécanisme affectif, les disparités entre hautes performances dans certains domaines et retards ou immaturité dans d'autres. Mais, de leur étude, il a résulté quelques particularités psychologiques qui leur sont communes (je laisse de côté les spécificités intellectuelles qui ne constituent pas le fond de ce livre) :

• les adultes à haut potentiel (HP) sont des perfectionnistes qui ont tendance à placer la barre toujours très haut, pour eux-mêmes et pour les autres ;
• ils sont plus sensibles aux défis personnels qu'aux récompenses décernées par la société ;

• ils sont préoccupés par les questions mystiques, par la recherche de la vérité et la découverte d'un sens à la vie ;

• ils sont indignés par l'injustice, possèdent de fortes convictions morales et un grand sens de l'intégrité ;

• ils sont capables de défendre ardemment leurs points de vue et leurs idéaux ;

• ils ont sporadiquement besoin de contemplation et de solitude ;

• ils ressentent de façon exacerbée leur environnement sensoriel ;

• leur manque de confiance en eux les conduit souvent à l'autodérision, à l'autocritique, voire à l'autodénigrement ;

• dans les grandes lignes, l'adulte à haut potentiel, parvenu à trente-cinq ans, a rarement connu de succès particulièrement exceptionnel ;

• il est doté d'une hyperperception des cinq sens, et d'un don de lucidité ;

• il est maladroit en société, et très maladroit dans les interventions en public ;

• doté d'un esprit de synthèse et d'une compréhension immédiate, une pensée magique, il a aussi une capacité exceptionnelle à raisonner, et un goût marqué pour le raisonnement ;

• il n'a jamais perdu sa soif d'apprendre ;

• il manifeste une attirance pour la complexité et la difficulté dans le choix des problèmes à résoudre, l'élaboration de pensées abstraites, un large vocabulaire et une très grande indépendance d'esprit ;

• il souffre d'hypersensibilité, de sentiments passionnés et d'affections compulsives, et souvent d'introversion ;

• quoique doué d'empathie et de compassion, il souffre d'enfermement et de solitude ;

• il a tendance à questionner et à contester l'autorité, à être non-conformiste.

Enfin, je tiens à rappeler que tous les surdoués ne finissent pas capitaine d'industrie, star de la littérature ou prix Nobel. Mais beaucoup de personnes célèbres affichent un QI supérieur à la moyenne. Il y a un demi-siècle, la psychologue américaine Catherine Cox a étudié les autographes, les témoignages, les journaux intimes ou les correspondances des grands hommes pour déterminer le niveau de leur quotient intellectuel. Selon cette universitaire, qui précise que la norme de l'intelligence moyenne tourne autour de 100, Goethe et Leibniz franchissaient les 180 de QI, le mathématicien Laplace et Voltaire atteignaient les 168, et Albert Einstein, paradigme même du génie, arrivait à un QI de 162, toutefois dépassé par l'intelligence brute de Blaise Pascal, évaluée à 173 ! J'aime à rappeler ce qu'a écrit Chateaubriand sur cette haute figure de la culture française, philosophe, mystique et mathématicien exceptionnel, pour rappeler à tous les adultes surdoués l'image que leur don projette sur la société : « Il y avait un homme qui, à douze ans, avec des barres et des ronds, avait créé les mathématiques, qui à seize ans avait fait le plus savant traité des coniques que l'on eût vu depuis l'Antiquité… Cet effrayant génie se nommait Blaise Pascal. »

Chez nos contemporains, peu de Français osent afficher leur QI. Il semblerait que, comme la richesse, il soit de bon ton de le cacher. Cet indice est révélateur du sentiment général qui entoure la douance. Mais, si elles ne publient pas les résultats de leurs tests, à compter qu'elles les aient passés, ces personnalités trahissent leur appartenance aux surdoués en racontant leur passé d'enfant précoce, ainsi l'excentrique Amélie Nothomb, la mystérieuse Hélène Grimaud ou le pluridisciplinaire Jacques Attali. Les personnalités qui proclament leur QI sans complexe et le revendiquent comme une force sont majoritairement américaines et plus souvent féminines que masculines. À leur tête, on retrouve les actrices Sharon Stone, Nicole Kidman ou Jodie Foster. La chanteuse Madonna, de son côté, a publié les résultats de son QI : 140. Outre-Atlantique, on compte aussi deux créateurs d'entreprises, Bill Gates et Steve Jobs, mais aussi des politiques, Bill Clinton et sa femme Hillary, ou encore des écrivains, telle Joyce Carol Oates qui fait partie de l'association de surdoués MENSA.

Il va sans dire qu'un renversement de notre tendance à se méfier des gens intelligents, voire à les brimer comme semblent y conduire les nouvelles réformes de l'Éducation nationale, participerait au mieux-être des adultes à haut potentiel qui, pour la plupart, ont fait l'expérience des réactions hostiles à leur encontre quand ils ont évoqué leurs résultats. Ce serait, déjà, une souffrance de moins à endurer pour eux…

1.

Une souffrance spécifique

Une différence radicale

L'adulte doté de capacités intellectuelles exceptionnelles a toujours ressenti un décalage avec ses compères depuis son plus jeune âge. Ce sentiment de différence n'est pas subjectif. Il ne résulte pas d'une difficulté chronique à s'adapter au monde ni d'une pathologie psychologique, mais de la réalité de traits de caractère tout à fait singuliers et propres à la population des surdoués, ou « adultes à haut potentiel », qui est la dernière terminologie utilisée pour définir cet individu si étranger aux normes et aux définitions moyennes – j'emploierai donc l'abréviation « adulte HP ».

La construction de la personnalité de M. Toulemonde s'est opérée en fonction d'un modèle qui est la norme, à laquelle tous se sont référés autour de lui. Ce M. Dupont, ou Smith en Angleterre, ou Chang en Chine, a trouvé des solutions aux problèmes qu'il a pu rencontrer dans son enfance à partir de cet étalon du bien et du mal, du normal et de l'anormal, généralement et communément accepté par le plus grand nombre. C'est cet ensemble de valeurs qui échafaude un système (la Loi), une grille de lecture par laquelle le monde prend sens à ses yeux et par rapport à laquelle il se base pour édifier son image idéale. Cette adaptation à la norme fonde sa personnalité. M. Toulemonde se forge moralement et socialement à partir de cet ensemble de normes comportementales. Ces normes, dont il se fait en quelque sorte le miroir, deviennent sa référence, comme elles le sont pour ceux qui l'entourent, du moins dans sa génération et son milieu socioculturel. Parce qu'il s'est fondé sur elles pour se construire, M. Toulemonde a dès lors pu élaborer une parole commune, immédiatement identifiable, qui le protège contre l'angoisse de la solitude et de l'abandon – pour ne rien dire de la mort.

Mais lorsque l'individu ne répond pas aux critères qui constituent la norme, il ne peut se fonder sur elle, ni l'accepter sans jamais la remettre en cause. Puisque cette norme ne lui renvoie pas son image, et ne lui propose aucune grille de lecture qui rendrait le monde compréhensible à son intelligence, elle ne lui procure aucun rempart contre l'angoisse de la solitude, ni contre la déréliction.

Cet être singulier par son comportement et son mode de pensée va dès lors en permanence interroger la norme, soit la remettre en cause, soit la contester. Si, dans un premier temps, dans son enfance généralement, il ne souffre pas de cette inadaptation, il en fait souffrir les autres – parents, frères et sœurs, corps enseignant – parce qu'il est en permanence en inadéquation avec le mouvement général, et pis, parce qu'il lui échappe.

Mais, généralement, l'enfant, puis l'adolescent, puis l'adulte à haut potentiel finit par renoncer à établir des liens avec ceux qui l'entourent, et il se retrouve terriblement, et incompréhensiblement, seul. Et ce d'autant plus qu'il ne comprend pas que la majorité de la population ne ressente pas les choses avec l'intensité et selon les codes qui le caractérisent.

J'insiste sur ce point, tant les conséquences psychologiques de l'anormalité du surdoué échappent à son entourage tout comme, et surtout, les efforts qu'elle exige de lui pour vivre au milieu des autres, dans une apparence d'harmonie. On connaît tous le conte du *Vilain Petit Canard*, la souffrance de cet oisillon si différent qui n'a pas été conçu pour vivre la vie des canards mais celle des cygnes. Or, si le temps et sa croissance finissent par révéler sa véritable nature et sa beauté, et l'origine de son comportement particulier dans la mare de la ferme, il n'en est pas de même pour le petit surdoué. Devenu grand, l'individu à haut potentiel a rarement les ailes qui se déploient d'elles-mêmes et, hélas, aucun autre cygne ne surgit du ciel pour le délivrer de sa souffrance et l'intégrer à son véritable milieu. Car ceux qui peuvent le réconcilier avec lui-même sont ceux-là mêmes qui ne le comprennent pas, ne l'entendent pas et l'excluent, même innocemment, de leur communauté.

Que se passe-t-il, en vérité, pour lui ? Afin de pouvoir s'intégrer aux premières sociétés qu'il a fréquentées, l'individu à haut potentiel a fait usage de ses exceptionnelles capacités d'observation pour se conformer aux comportements valorisés par le groupe, et il a appris à masquer sa personnalité profonde pour se protéger des agressions extérieures.

La pratique de ce camouflage, par laquelle l'adulte surdoué dissimule sa sensibilité exacerbée sous une personnalité d'apparence, agit comme pour le caméléon : à la façon d'un mécanisme de défense qui le protège des dangers et de son environnement. Elle le préserve de blessures et d'affronts trop difficiles à gérer pour sa sensibilité exacerbée ;

et d'une violence dont les auteurs ne mesurent pas la portée, alors qu'elle bouleverse profondément le sens aigu des valeurs et de la justice de l'individu à haut potentiel.

Adulte, le surdoué a fini par revêtir en permanence son armure, soit pour protéger son for intérieur de son entourage, soit pour obéir aux attentes des autres afin de jouir au plus vite de moments de solitude, les seuls instants qu'il trouve réellement épanouissants pour lui. De cette pratique, l'enfant HP retire en général un certain équilibre. Toutefois, ce clivage entre une personnalité de façade et ce jardin intérieur, d'abord prémédité, devient le plus souvent une façon d'être inconsciente, habituelle, et, parvenu à l'adolescence, il n'en retire plus de bienfaits mais des maux, d'où le trouble de certains et leurs difficultés à comprendre qui ils sont en vérité, et ce qu'ils désirent authentiquement. Devenu adulte, cet être de composition perd le contact avec l'être véritable, sans même qu'il s'en soit rendu compte. Sa perte de repères s'aggrave dans nos sociétés contemporaines, où les sociologues sont unanimes pour constater la dissolution du sujet dans la masse.

Différence = souffrance, une fatalité ?

Mais alors, l'adulte surdoué serait-il *condamné* à souffrir ? L'objectif de mon travail avec l'adulte à haut potentiel, qui est aussi celui de ce livre, est d'apporter la promesse qu'**être surdoué n'implique pas nécessairement une souffrance**. Il s'agit de trouver les moyens de sortir de cette fatalité, et ce sera le grand apport de la clinique projective, qui s'appuie sur des éléments quantitatifs et différentiels, alliés à une démarche qualitative qui a pour objet de définir les vulnérabilités et les atouts du surdoué, toujours très marqués et contrastés. Nous aborderons cette thérapie dans la dernière partie de ce livre, consacrée à cette « boîte à outils » qu'il s'agira d'utiliser pour entreprendre cette guérison.

Je viens de le dire : la souffrance de l'adulte surdoué est spécifique. Et elle l'est à plus d'un titre. Vingt-cinq années de pratique comme clinicienne m'ont amenée à constater que, confronté au diagnostic/test de QI, quand il se révèle positif, l'adulte surdoué finit généralement par se reposer sur ce constat pour légitimer sa souffrance, voire s'y enfermer. Au point d'en arriver à considérer que la douance est une pathologie qu'il demande d'envisager sous un angle théorique, avec des méthodes d'évaluation et de classification qui, par nature, sont contraires à ce qu'il est en vérité : un être humain, tout à fait singulier, sain de corps et d'esprit, n'était cette souffrance.

Il me faut donc rappeler souvent que la douance n'est pas étudiée dans le cadre scientifique de la psychanalyse, pas plus qu'elle n'est attachée à une théorie du fonctionnement psychique. D'ailleurs, on assimilait jusque-là la douance, ou le haut potentiel, à une avance dans le développement de l'intelligence, jamais à l'origine d'une pathologie, même si elle n'exclut pas la possibilité que des adultes surdoués puissent aussi être bipolaires, ou souffrir de névroses ou de psychoses, mais alors, ces pathologies restent indépendantes de la douance comme on peut être diabétique et surdoué, ou asthmatique et surdoué. Aucune de ces pathologies ne résulte directement de la douance.

Je suis formelle : si la souffrance est quasiment inévitable chez le plus grand nombre d'adultes surdoués, surtout s'ils n'ont pas été reconnus comme tels dans leur enfance par les tests d'évaluation de leur quotient intellectuel et s'ils n'ont pas, de ce fait, reçu une éducation adaptée à leur complexité, elle n'est pas une fatalité contre laquelle rien ne pourrait agir. Mais pour agir, et savoir de quelle façon agir, il faut encore comprendre comment l'adulte à haut potentiel définit sa souffrance.

Le concept de la surdouance, particulièrement quand il s'applique à l'adulte, est encore l'objet de trop de confusions et de controverses. Réussite professionnelle exceptionnelle, parcours hors norme et éblouissant, grand innovateur ou inventeur… voilà autant d'*a priori* qu'on a tendance à associer au surdoué. La réalité n'est pourtant pas aussi simple. Dans les faits, le surdoué peut tout aussi bien avoir été le cancre du lycée, le solitaire, le marginal, ou se montrer rebelle à toute organisation, qu'être prix Nobel, mathématicien génial, comme le lauréat de la médaille Fields, ou directeur général d'un grand groupe. C'est que, chez l'adulte, comme chez l'enfant, la « douance » est un phénomène qui caractérise la totalité de la personnalité du sujet. Être doué ne se limite pas au champ de la cognition, et ne se mesure pas uniquement à la réussite scolaire et universitaire d'un individu. C'est pourquoi les « effets secondaires » de la douance affectent aussi bien le bien-être professionnel que social, émotionnel et spirituel de ces personnes. Pour saisir l'ampleur de cette souffrance, il convient de considérer ce « don » comme un ensemble de traits et de caractéristiques très fréquemment partagés par les surdoués ; traits qui ne leur rendent pas toujours l'existence plus simple, ni ne les conduisent nécessairement à réussir leur vie. En fonction du parcours de chacun de ces individus, ce « haut potentiel intellectuel » pourra dès lors être vécu aussi bien comme un lourd fardeau que comme une bénédiction.

2.

La souffrance dont se plaint l'adulte surdoué

De quoi, dans leur grande majorité, les adultes en surefficience intellectuelle se plaignent-ils ?

Tout d'abord, d'un vif sentiment d'incompréhension, et d'incompréhension réciproque. Ils le ressentent dans toutes les sphères de leur vie, en famille, au travail et en société. Ils décrivent une grande difficulté à s'intégrer dans cette société, à s'adapter aux clés et aux modèles qu'elle leur pose comme idéaux, en même temps qu'ils se sentent incompris, mal jugés, voire rejetés par leur entourage. Mais s'agit-il simplement d'un sentiment d'incompréhension ?

En vérité, ce qui les fait souffrir, et qui ressort chez tous les patients qui ont fréquenté mon cabinet quand ils analysent les arcanes de leur douleur, depuis les âpres récriminations familiales à la mise au ban dans leur entreprise, c'est leur difficulté à établir un lien avec les autres. Cette difficulté est d'autant plus insurmontable que les modèles de réussite et les conseils de cliniciens qui conviennent au plus grand nombre ne peuvent pas aider leur personnalité paradoxale. Bien au contraire : s'ils les suivent, ces prescriptions creusent l'abîme entre eux et le monde, puisqu'elles proposent une conformité aux modèles normaux auxquels ils échappent. Dès lors, dans sa tentative de s'y conformer, l'adulte à haut potentiel ne peut que rencontrer l'échec et, de cet échec, tirer un sentiment accru de souffrance.

Cette souffrance est due à ce sentiment de solitude et à la conviction d'être définitivement un étranger dans son monde. Dès lors, elle aboutit presque toujours à ce que l'adulte à haut potentiel adopte un réflexe identitaire : il se réfugie dans sa souffrance pour s'en faire une armure qui, pense-t-il, le protégera contre les agressions du monde. Il devient un intégriste du constat de Maurice Blanchot : « Oui, penser c'est obligatoirement souffrir. » De là, il franchit le dernier pas qui l'amène à croire qu'on est surdoué parce qu'on souffre.

Il faut dès lors que le clinicien apprenne au surdoué à abandonner sa souffrance comme on abandonne une demeure, à la déposer comme on rend les armes, et à se reconsidérer non pas comme un as, mais comme un individu singulier capable de renouer avec le monde, aussi compliqué soit-il, des liens qui sont essentiels à l'équilibre de tous, individu normal ou à haut potentiel intellectuel.

La solitude

> « La solitude m'a toujours accompagnée de près ou de loin. »
>
> Françoise Dolto, *Solitude*, Gallimard, Folio Essais, 1994, p. 10.

La première démarche à entreprendre est d'essayer de repérer sa part de responsabilité dans cette solitude indubitable que la très grande majorité des surdoués se plaignent de ressentir souvent depuis le plus jeune âge. Comment ne l'éprouveraient-ils pas, dotés comme ils le sont d'une hypersensibilité au monde qui les entoure, et d'une hyperémotivité qui ne cède jamais ? Qui, plus qu'eux, peut la ressentir au sens même du mot, tel qu'il est défini : « Un état ponctuel ou durable d'un individu qui n'est engagé dans aucun rapport avec autrui » ? Effrayante, ressourçante, angoissante, ou attendue, cette solitude est chez eux souvent vécue dans sa double composante : désirée et recherchée, elle peut être la patrie du penseur, de l'artiste et du créateur, un temps de repos pour laisser l'hyperactivité de ses pensées s'atténuer et une réflexion construite, non plus anarchique, prendre place ; mais elle peut aussi découler d'un isolement affectif, de l'absence douloureuse de la voix de l'autre. Est-ce un truisme de répéter qu'on peut se sentir très seul au milieu d'une multitude ? Qu'on peut aussi se sentir seul parce qu'on ne parvient pas à se trouver soi-même, tout en restant prisonnier de cette mystérieuse tautologie : « Je suis seul à être moi » ?

Françoise Dolto a souligné que ce sentiment de solitude était commun à toute l'espèce humaine, et que cette solitude était le propre de chaque personne lorsqu'elle traverse une période de mutation. Et il est vrai qu'unique sur cette terre, conjonction d'une infinité miraculeuse de hasards, l'être humain ne peut déléguer à aucun autre l'expérience de sa propre vie – sauf à se décerveler en se gavant de drogues et de psychotropes. Pour autant, chez les surdoués, cette solitude reste singulière, et il faut se garder de se contenter d'en poser le constat sans chercher à en déterminer l'origine. Cette solitude si souvent éprouvée par eux, d'où vient-elle et comment peut-elle accélérer les effets aggravants ?

Les adultes surdoués ont été, il faut le rappeler, des enfants précoces. La douance n'apparaît pas à l'âge adulte comme une qualité qui surgirait avec du retard. L'adulte surdoué est né doté de ce haut potentiel cognitif qui ne se dissipe pas avec l'âge. Cela signifie que cet enfant différent a pris conscience de sa différence, et de ce fait, très tôt, cet enfant a expérimenté la solitude. Cette solitude est vécue par les surdoués comme une souffrance parce qu'elle remet en cause, et de façon permanente, dans chaque acte social de leur vie, leur capacité à appartenir au groupe, à en devenir un élément constructif, dispensateur d'harmonie. Il faut bien dire dès maintenant qu'elle est inévitable et qu'elle s'aggrave : plus il est seul, plus il est isolé, plus l'enfant surdoué perd le contact avec la norme qu'il lui est de plus en plus difficile d'assimiler, pour tenter de s'y conformer. La solitude est chez ces enfants ontologique – ils la portent en eux parce qu'elle découle de leur personnalité, si bien que les paroles d'un proche, même si l'intention est bonne, qui leur dirait : « Mais non, tu n'es pas seul, on t'aime, voyons », ne serviraient à rien. En revanche, savoir sa souffrance reconnue par autrui est capital, à condition que celui-ci renvoie celui qui souffre à ses responsabilités vis-à-vis de lui-même, et à condition encore que cet interlocuteur, qu'il soit le parent ou un thérapeute, ne tente pas d'en trouver les origines à l'extérieur du sujet, dans des circonstances particulières de sa vie : « Tu te sens seul parce que tu n'as pas de frères et sœurs, ou d'amis de ton âge. » Le parent de l'enfant surdoué (mais alors il faut que son enfant ait été diagnostiqué) ou le thérapeute qu'il consulte doivent avoir le courage de dire : « Je sais que tu souffres et ta souffrance est inévitable, et elle le restera. Cependant, il faut en faire une force, t'en servir comme d'un tremplin pour évoluer. »

Alors, et alors seulement, cette solitude pourra être vécue

comme partie intégrante de sa personnalité, comme le vecteur d'une recherche de sa propre identité. Ainsi conçue, elle sera assimilée à la liberté, comme le suggère Françoise Dolto dans l'ouvrage qu'elle a consacré à cet état, toujours limite : « La solitude m'a toujours accompagnée, de près ou de loin, comme elle accompagne tous ceux qui, seuls, tentent de *voir* et d'*entendre*, là où d'aucuns ne font que regarder et écouter. Amie inestimable, ennemie mortelle – solitude qui ressource, solitude qui détruit, elle nous pousse à atteindre et à dépasser nos limites[1]. »

Françoise Dolto a insisté sur la gravité de la solitude lorsqu'elle n'est pas envisagée comme la voie structurante d'un ressourcement créatif. Lorsqu'elle ne s'associe pas à une quelconque référence à l'autre, elle risque d'ouvrir à une irrespirable autarcie et de se commuer en consomption délétère. Chez les surdoués, enfants ou adultes, la frontière, déjà ténue, qui sépare la solitude créatrice et l'isolement mortifère disparaît souvent, et très vite. Alors, à tout âge, le surdoué ne connaît plus la solitude encore conviviale qui lui permet de se ressourcer, de faire le point, de calmer ses émotions, de discipliner l'arborescence de sa pensée. La sienne n'est plus qu'isolement affectif et menaçant pour sa santé, psychique et corporelle. Elle n'est plus qu'enfermement.

Ce que j'aimerais proposer encore avec ce livre, c'est ce message d'espoir que je répète à mes patients : il est possible, en avançant pas à pas, de *reconquérir une liberté positive*, de repartir libre d'un passé douloureux, dans une solitude consentie et fructueuse, qui ne sera plus étouffante. Ce travail passe par des phases intermédiaires, ainsi

1. Françoise Dolto, *Solitude*, Gallimard, 1994.

que par la reconstruction d'une bonne estime de soi – parce qu'une faible estime de soi contribue à empoisonner ces moments solitaires : moins on s'estime, plus ces moments de face-à-face avec soi-même seront mal vécus, et plus le sentiment d'isolement et de mise à l'écart vient nuire à l'individu. Mais qu'il le sache, s'il est seul dans sa souffrance de solitude, le surdoué n'est pas isolé. Cette plainte revient comme un leitmotiv dans mon cabinet et dans les lettres que je reçois.

> « Je ne connais pas le mode d'emploi du monde », m'a dit un jour, en larmes, l'une de mes patientes, dévastée par le sentiment de ne pas être parvenue à s'intégrer dans sa propre vie, de ne pas avoir su créer de lien parce qu'elle n'a jamais su, ni pu, surmonter le décalage qui a engendré son sentiment de mise à l'écart. « Je ressens un mal-être depuis tout petite, je ne comprends pas les relations humaines, je me sens seule, m'a avoué une autre patiente. Je suis toujours en observation avec les gens. Je ne parviens à être spontanée que dans l'art ou mon travail. »

D'autres surdoués ont trouvé une réponse, qu'il convient d'écouter attentivement et de se répéter souvent. Jean Genet, par exemple : « La solitude ne m'est pas donnée, je la gagne. Je suis conduit vers elle par un souci de beauté. J'y veux me définir, délimiter mes contours, sortir de la confusion, m'ordonner. » Ou encore Nietzsche, dans la bouche de Zarathoustra : « Ô solitude ! Toi ma patrie, solitude ! Comme ta voix me parle, bienheureuse et tendre ! Nous ne nous questionnons point, nous ne nous plaignons pas l'un à l'autre, librement nous franchissons ensemble les portes ouvertes. »

L'absence de liens fructueux avec les autres

« Toutes les familles heureuses se ressemblent. Les gens malheureux le sont chacun à leur façon », a écrit Léon Tolstoï en ouverture de son roman *Anna Karénine.* Si chaque adulte à haut potentiel souffre de solitude à sa façon particulière, les effets cliniques de cette solitude sont les mêmes sur lui que sur les autres. Sebastian Dieguez, docteur en neurosciences à l'université de Fribourg, en Suisse, a travaillé sur le premier des besoins fondamentaux de notre espèce : le besoin de l'autre. Il note que, s'il est difficile d'étudier l'ostracisme scientifiquement, pour des raisons pratiques et des impossibilités morales, des observations ont néanmoins été faites sur des groupes de personnes soumises, au cours de jeux, à l'impression qu'elles étaient exclues du groupe. Tests physiologiques (tension, prise du pouls, de la température corporelle) et psychologiques ont permis aux scientifiques de dresser à grands traits l'ébauche d'un modèle concernant le contexte et les effets de l'ostracisme.

Que démontrent ces études et leurs résultats ? La sensibilité au rejet est largement répandue chez les individus, et elle est indépendante des traits de caractère du sujet, comme du contexte dans lequel intervient son exclusion du groupe. Qu'ils soient plus ou moins extravertis, anxieux ou narcissiques, tous réagissent au rejet qu'ils perçoivent chez les autres, et ce même lorsque les signes de ce rejet se réduisent à de subtils indices. Enfin, les réactions du sujet adviennent même si l'individu ou le groupe qui le rejette lui est inconnu, ou s'il le méprise. « Il importe également peu que le rejet soit ou non intentionnel, ou qu'il intervienne dans un contexte *a priori* dérisoire », précise le docteur Dieguez.

De fortes réactions physiologiques et psychologiques apparaissent lorsque des sujets sont exclus d'un jeu où les participants doivent se passer un ballon. Quelles sont ces réactions ? Les aveux sont unanimes : blessure vive, sensation aiguë de détresse qui se traduit par des manifestations physiologiques telles qu'une augmentation de la pression sanguine et de la concentration de cortisol dans le sang. La similitude des réactions physiologiques avec celles de la douleur physique a été corroborée par une étude de neuro-imagerie : elle a révélé des activations cérébrales communes à ces deux menaces.

Ce que déduit encore le docteur Sebastian Dieguez de ses études, c'est qu'après avoir éprouvé ces réactions physiques et psychologiques initiales, « la personne ostracisée recourt généralement à l'introspection pour donner du sens à son expérience et élaborer des stratégies comportementales pour y faire face. Le type de comportement dépend largement de l'intensité et du nombre des rejets subis. Épisodiques, ils conduisent l'individu à tenter de se faire accepter, mais à force d'échecs répétés, qui induisent autant de nouvelles blessures, le sujet se replie dans son statut de *persona non grata* ». À ce stade, chaque approche sociale est anticipée comme perdue d'avance, ce qui conduit à une perte de contrôle sur l'environnement. S'installe alors le cercle vicieux de l'ostracisme : l'individu renonce à approcher d'autres personnes de peur d'être à nouveau rejeté. C'est alors que peuvent apparaître des sentiments hostiles et négatifs. Et c'est alors que toute l'ampleur de ce sentiment se fait jour. L'état de renoncement, à être aimé, à se faire accepter, à s'intégrer au groupe, et cette perte de contrôle social provoquent une sorte de déconstruction cognitive – actions impulsives, irréfléchies et violentes, ainsi qu'un sentiment de perte d'identité.

Dernier constat de ces expérimentations sur l'ostracisme : les sujets de l'expérience auxquels on a donné la possibilité de châtier ceux qui les ont exclus tendent à punir également des personnes qui ne sont pour rien dans leur exclusion. C'est une démonstration de cette déconstruction cognitive : dans sa douleur et sa blessure, l'exclu perd sa capacité à réfléchir et à examiner dans le détail ce qui lui arrive, et il attribue sa mise à l'écart à tous ceux qui n'ont pas été exclus comme il l'a été.

Qu'est-ce à dire? Sinon que, confrontés à l'ostracisme, c'est la vie entière qui progressivement perd de son sens pour ceux qui en souffrent. Sans la présence et la réponse d'autrui, comment se définir? Et comment échapper à sa souffrance, au sentiment de passer à côté de sa vie? La vie qui est souvent, pour le surdoué, une somme de compromis pour parvenir à se faire accepter : dès lors, la frustration du désir de réalisation de soi l'emporte.

Le manque d'amours et d'amitiés

Mais comment échapper aussi au sentiment de *gêner* les autres, de les mettre mal à l'aise? C'est qu'avec leurs facultés particulières, dont leur intuition fulgurante et leur extralucidité, les surdoués déstabilisent la réciprocité nécessaire aux contacts et aux échanges entre deux êtres qui se rencontrent pour la première fois. « J'ai l'impression de scanner l'autre », explique David lorsqu'il évoque ses premières conversations. « J'ai une grande facilité à décrypter les gens », témoigne un autre patient, qui me répond, lorsque je lui demande s'il cherche à réfréner cette aptitude, dont il reconnaît lui-même qu'elle provoque un malaise chez son interlocuteur : « Non, parce que pouvoir décoder l'autre, c'est le maîtriser, ça me rassure. » Et encore, cette jeune femme, dans un élan de sincérité dont il lui faudra payer la note : « Je vois tout de suite ce qui ne va pas chez l'autre, je le dis tout de suite et les personnes ont le sentiment d'être démasquées. »

Pour rétablir le lien avec le monde, il est donc nécessaire de commencer par le réparer, donc par en comprendre la fragilité et les règles d'élaboration. Deux phases sont indispensables dans ce travail, nous y reviendrons plus loin : se connaître soi-même pour déterminer sa vraie nature, mais aussi s'ouvrir aux autres et accepter qu'ils puissent différer. Doté d'un fort sentiment de justice, et d'une puissante allergie à l'injustice, au mensonge et à la fausseté, le surdoué manifeste peu d'aptitudes à l'indispensable hypocrisie qui préside aux rapports en société. Or cette « vérité qui sort de la bouche des enfants », si elle amuse chez les petits, est mal perçue – et parfois assimilée à une intention méchante – chez les adultes. L'adulte surdoué doit accepter qu'il faille donner parfois des coups de canif à la vérité et réprimer sa soif de justice quand elle l'emporte dans des débordements verbaux. Il lui faut apprendre à réfréner son côté « saint Jean Bouche d'or » et comprendre que si toute vérité n'est pas bonne à dire, c'est qu'elle est encore plus douloureuse à entendre.

Le lien se tisse quand on commence à s'accepter, et lorsqu'on accepte aussi l'autre dans la plénitude de sa personnalité. Cette ouverture à l'altérité est difficile pour les raisons déjà énoncées, mais elle s'impose dès qu'on envisage d'étudier les mœurs de M. Toulemonde comme l'ethnologue s'y emploie auprès d'une tribu reculée d'Amazonie avec laquelle il serait contraint de partager le restant de ses jours.

L'incompréhension de la société et de son évolution

La société dans laquelle nous vivons est fondée sur un tissu de règles et d'impératifs, de modèles de réussite et de comportements très largement étrangers à la grille de compréhension de l'adulte surdoué. La soif de justice et d'authenticité qui est partie de la personnalité du surdoué souffre du spectacle des inégalités, des impunités et de l'indifférence générale. La conscience de l'adulte à haut potentiel est généralement encline à l'austérité et, dans le même temps, à l'idéalisme. Le surdoué est souvent un homme révolté. Il cherche inconsciemment bien plus et bien autre chose que remplir un certain espace, ou durer un certain temps en jouissant le plus fortement possible des bienfaits du monde moderne et de son confort. Il s'agit pour lui de trouver un but à sa vie et, dès lors, maintenir en lui une ardeur et une ferveur. Vivre l'instant, et dans l'instant, comme le propose notre modèle occidental, ne le comble pas.

On comprend dès lors combien sa souffrance peut être exacerbée par la société contemporaine où tout est rapporté à l'efficacité et à la rentabilité, jusqu'aux liens sociaux. Ce modèle ne peut pas convenir au surdoué même si, nous le verrons, la dislocation des liens, la disparition des modèles économiques, la mixité des cultures peuvent offrir à son intelligence protéiforme et originale des opportunités de triompher et de s'imposer. Mais pour ce qui est de l'affect, il souffre, et il souffrira de plus en plus, de l'indifférence de ses proches et de ses contemporains aux désastres du monde et aux ravages écologiques, qu'il ressent dans sa chair.

« Il m'arrive d'être heureux à la campagne, quand je suis seul et que je m'allonge. Je ferme les yeux et j'ai alors la sensation d'être enfin dans mon univers. Comment vous dire ? Je *sens* l'univers. Je ressens la croissance des herbes, le vol des insectes, la vie souterraine comme si c'était moi les herbes, les insectes et les taupes. Mais très vite, je suis submergé par une angoisse diffuse pour tout le mal que je *ressens* en leur nom », me dit David, les larmes aux yeux.

De là, une tendance à refuser le monde en bloc, et un alibi pour ne pas se départir de sa souffrance qui devient la marque du refus, le signe distinctif de celui qui ose dire non mais s'accepte comme vaincu d'avance. Il est extrêmement difficile d'amener l'adulte HP, pourtant tellement intelligent, à faire preuve de rationalité quand il s'agit de ses affects fondés sur les plus hautes vertus. Là encore, c'est en apprenant à se connaître qu'il trouvera le courage d'abandonner cette souffrance qu'il retient, parce qu'elle est devenue synonyme de sa condamnation de tous les dévoiements de notre culture. Le courage de ne plus se contenter de dresser un procès-verbal et de jouer sur le pire afin de mieux s'esquiver, se replier, voire se cadenasser, dans un quant-à-soi solitaire et stérile.

Cette réclusion trouve dans le monde moderne ses niches idéales. Il faut alors accepter de les quitter, en repérant les conduites d'isolement qu'elles offrent à tout un chacun, mais plus encore à l'adulte à haut potentiel. Car, si le monde change, ses perspectives changent avec lui. Peut-être par instinct de conservation, peut-être pour ne pas laisser l'individu être trop écrasé par l'inexorabilité de son inhumaine technicité, notre société rejette de plus en plus le réel au profit du virtuel. De plus en plus souvent, on s'échappe du présent en projetant un avenir qui radicalise le pire de ce que nous supportons aujourd'hui à grand-peine. Science-fiction apocalyptique, violence épouvantable mais totalement banalisée, manipulation de la réalité dans le fantasme et l'anti-utopie.

Ce monde virtuel est de plus en plus présent dans le réel, au point que certains enfants finissent par les confondre et ne plus vraiment faire la part des choses. Il se développe au fur et à mesure que les figures de l'autorité perdent leur légitimité – depuis le père jusqu'aux instances politiques – et que l'individu se sent abandonné par ses protecteurs tutélaires. Comment y échapper quand la réalité anticipe de plus en plus souvent les pires projections que nous offrent les consoles de jeux ? Quant aux sociologues, c'est à peine s'ils ont le temps d'enregistrer, à défaut de les analyser, l'émergence de comportements tout à fait inédits dans notre histoire – comportements face à la procréation comme face à la mort –, et l'apparition, corollaire, de nouvelles formes de toxicomanies et d'états dépressifs.

Les adultes HP ont une attirance indéniable pour l'informatique et le monde d'Internet qui les sécurise dans leur solitude et leur correspond : il leur permet de rester spectateur, et en même temps d'intervenir partout à la fois. Il leur offre une ubiquité qui nourrit leurs pensées en continuel déploiement. Mais aussi, il efface les frontières, dissout les codes, confond les normes – rien qui fasse peur à l'adulte surdoué, parfaitement à l'aise avec les avancées techniques de ce secteur, heureux de trouver à nourrir son questionnement permanent dans ce *self-service* culturel où tous les genres et tous les sujets se mêlent. Mais, en contrepartie, le Net fournit un faux dialogue, une fausse présence, et aggrave les dérives solitaires de la pensée. À force de « zapper » d'un sujet à l'autre, d'un univers à l'autre, d'écraser le tampon naturel du temps et de la distance, le surdoué se détache inexorablement des normes sociales qui pourraient le rattacher à M. Toulemonde s'il s'appliquait à les étudier pour les décoder. Cette perte de repères est grave parce que ces mécanismes amènent l'individu à se construire une personnalité justement équilibrée entre ses attentes profondes et le modèle de vie que lui impose son milieu socioculturel. Ces lois auxquelles il se réfère depuis sa tendre enfance, quitte à les contester et à les refuser, donnent une direction à sa vie et à ses actes, et des balises à partir desquelles il évaluera la réussite de son parcours.

Ce n'est rien de dire que nous vivons une transformation radicale des données sociales, qu'il s'agisse du comportement des individus comme des modes de vie. Cette fracture entre les aspirations du plus grand nombre, paradoxalement de plus en plus traditionnelles – le bonheur passe par la famille et les enfants –, et une minorité active qui impose à la majorité de s'adapter aux révolutions qu'elle propose, a déclenché une confusion des repères et un sentiment profond de désarroi. Mais aussi un renversement mortifère. Selon Charles Melman [1], le moteur de l'homme du XXIe siècle n'est plus le désir, mais la jouissance. Il est devenu un individu consommateur avant d'être citoyen, replié sur lui-même et sur sa cellule, s'il en a encore une, et qui tente de survivre dans une société libérale-libertaire, – ce que Freud appelait déjà le « malaise dans la civilisation ».

L'identité psychique de la société serait donc en train de changer comme elle ne l'a jamais fait auparavant, quand

1. Charles MELMAN, *L'Homme sans gravité. Jouir à tout prix*, entretiens avec Jean-Pierre Lebrun, Denoël, 2002.

elle se contentait d'évoluer en fonction d'éléments qui lui étaient étrangers – guerres, invasions, famines, progrès scientifiques... Selon Charles Melman encore, nous serions en train de passer d'une culture fondée sur le refoulement qu'induisait la forte présence de lois et d'interdits – et donc sur les névroses qu'il fait naître chez l'individu – à une culture qui, à force d'interdictions d'interdire, engendre la perversion – et les psychoses. En effet, chez le névrosé, tout objet se présente sous forme d'absence-castration ; chez le pervers dont a accouché notre ultralibéralisme libertaire, il s'agit d'exhiber en permanence ce qui, ordinairement, se trouve dérobé.

De là, la fin de l'intime ; de là, une modification profonde dans les relations amoureuses et les relations de travail. Condamné à la jeunesse et à la jouissance perpétuelles, à l'exposition sans faille de sa réussite dans l'exhibition de ses accessoires : jeunesse, argent, relations sexuelles, cosmopolitisme, l'individu de cette nouvelle société ne peut que ressentir une fatigue qu'il lui faut combattre au fur et à mesure que son comportement la crée, avec les addictions qu'elle provoque pour échapper au désarroi grandissant.

Bien évidemment, ce diktat de l'instant et de sa jouissance immédiate, de l'assouvissement de désirs au rythme de leur invention ou de leur création, interdit toute réflexion sur le temps, cette notion hautement métaphysique. Il vide le ciel de toute présence spirituelle. Pour masquer cette disparition, les promoteurs de ce nouveau monde proposent des ersatz de religion dont Dieu est absent – méditation bouddhiste, sexualité tantrique, mystique sans dieu –, mais où l'individu, centré sur lui-même, rêve d'une spiritualité à son image, individualiste, *light* et sans contraintes – une spiritualité libératrice pour son corps. De ce dernier espace de communion, l'adulte surdoué se sent encore tout à fait exclu, lui qui est un être profondément éthique, qui manifeste fréquemment un haut désir de dévouement. Il ne parvient presque jamais à modérer son vif sentiment de compassion, son empathie pour ceux qui souffrent, ses révoltes. Souvent, sa morale est le refus des fausses morales et des conduites cyniques. Il souffre de ce *cor inquietum* cher à saint Augustin – cette inquiétude métaphysique du sens de sa propre vie. Et cela, même si cette inquiétude est compensée chez lui par un sentiment de toute-puissance et de maîtrise, qui crée d'autant plus de solitude qu'il déclenche une antipathie presque systématique de la part du groupe qui va jusqu'à exclure le surdoué de ses activités.

Je le répète, c'est par la confrontation entre la sphère intime et la sphère publique, entre le moi et le monde désiré, que se constitue la possibilité d'une construction personnelle harmonieuse et d'un rapport fructueux avec la société. Lorsque ce rapport est défaillant, parce que l'individu ne sait pas comment se construire ni se confronter à un monde dont il ne saisit pas les codes, voire dont il réprouve les impératifs de réussite, alors la souffrance est aiguë. Et, paradoxalement, il lui est d'autant plus difficile d'y renoncer qu'elle est perçue comme la conséquence d'un lien fragile, inachevé, voire parfois inexistant mais rêvé, et continûment désiré. Dès lors, l'adulte à haut potentiel entretient cette souffrance comme le seul fil qui le relie encore à ce lien rêvé et évanoui, avec l'espoir que c'est cette même souffrance qui lui permettra, un jour, de réparer ce lien.

3.

Comment sortir de sa souffrance ?

La souffrance comme identité

C'est sans doute une lapalissade mais, pour sortir de sa souffrance, il faut que l'adulte à haut potentiel commence par le vouloir et accepte de s'en débarrasser. Nous l'avons vu, le surdoué, et particulièrement celui qui se trouve en situation d'échec social en plus de son échec affectif, s'attache à sa souffrance comme à son unique identité. Elle est une armure qui le protège du monde, pense-t-il. Elle entretient le cercle vicieux de la victimisation. Sans marques ni repères, dissous dans le conformisme, certains adultes surdoués vont adopter la souffrance comme marque identitaire. Elle représente tout ce qui reste de leur « moi », noyé dans les compromis et l'incompréhension, et ils s'en constituent une armure. Dans ces cas-là, le travail du thérapeute sera plus difficile, à cause des résistances que le patient lui opposera.

« Je suis consciente que ma souffrance dont je souhaite tant me débarrasser a fini par devenir mon bien. Que se passerait-il si je m'en délivrais ? Je crains que, pour en finir, ce soit presque aussi douloureux qu'une séparation », reconnaît Annick.

« C'est fou, je viens vous voir pour que vous m'aidiez à ne plus souffrir et j'ai peur de ce qui pourrait arriver si ma souffrance disparaissait. Serais-je encore moi ? C'est au fond tout ce que je connais de moi », avoue, à son tour, François.

Tous les deux ne font qu'illustrer le constat déjà posé par Freud qui avait souligné combien « la guérison elle-même est traitée par le Moi comme un nouveau danger ».

C'est ainsi : certains adultes surdoués semblent préférer leur souffrance à leur « guérison », tout d'abord parce que la souffrance n'a pas que des inconvénients – elle éveille l'attention de l'autre et offre un statut. De plus, elle représente une résistance héroïque à un conformisme qui chercherait à anéantir leur caractère unique et tellement singulier. Dès lors, cette souffrance devient un signe de ralliement. Cela dit, l'expérience démontre que cette démarche, largement compréhensible, ne peut qu'ouvrir la voie à une plainte sans fin.

Souffrir a également une vertu déculpabilisante : sur le plan psychique, si les symptômes qui traduisent une interdiction de vivre, d'être heureux et de jouir peuvent être très douloureux, ils instaurent en revanche un équilibre. Souffrir permet de payer sa dette. C'est pourquoi la psychanalyse fait peur – pour la menace qu'elle représente pour cet équilibre, quand bien même il serait précaire. Une fois la démarche de l'analyse engagée, il reste difficile d'avancer : la culpabilité et le masochisme nourrissent les résistances. Dès lors, l'individu oppose au thérapeute une résistance au travail psychanalytique dont le clinicien connaît les origines. C'est qu'envisager de guérir suscite souvent une ambivalence chez l'individu. Il semble ne pas vouloir se décharger de la totalité de sa souffrance, comme si ce mal était son bien propre. Une amélioration même partielle représenterait pour lui, semble-t-il, une réponse à l'attente de l'autre, thérapeute ou proche, traduite par une soumission à son exigence : « Tu dois changer. » Mais peuvent-ils se soumettre si docilement, alors que leur vie leur apparaît comme l'interminable acceptation d'un compromis dans lequel ils se sont perdus pour se faire accepter ?

Doit-on supposer une satisfaction libidinale dans leur résistance ? Auraient-ils attaché quelques bénéfices – certes secondaires – à leur souffrance ? Ou leur réticence découlerait-elle d'un sentiment de culpabilité ? Sur le principe qui veut que le déplaisir causé pour le Moi soit source de plaisir pour le Surmoi. Le refus de « guérir » serait alors l'expression détournée de l'emprise exercée par le Surmoi. « Comment se sentir bien quand on sait qu'on a quelque chose en plus ? » répétait Agnès dans ses premiers entretiens.

Enfin, je dois souligner que ce sentiment de culpabilité, quand je le décèle, est muet pour l'individu. Celui-ci ne se sent pas coupable mais « souffrant ».

Sommes-nous là confrontés à un certain masochisme ? à un plaisir trouvé dans la douleur ? La question mérite d'être posée. Je repense à Christophe dont le masochisme imprégnait tous les aspects de sa vie de couple, mais aussi sa vie professionnelle. Brillant ingénieur, il ne pouvait imaginer qu'il devait faire évoluer une situation qui était devenue insoutenable pour son entourage. « Ben voilà », ponctuait-il chaque énumération plus douloureuse l'une que l'autre.

Il y a aussi le grand danger, pour le surdoué en souffrance, de trouver un écho de son mal-être dans ses échanges avec d'autres adultes à haut potentiel. Beaucoup de mes patients évoquent leurs rapports avec leurs semblables dans les contextes particuliers d'Internet, via les blogs ou les forums. Ces échanges répétés garantissent toujours la possibilité d'une plainte sans fin, nourrie par celle des autres, tandis que, pour d'autres adultes surdoués, ces rencontres prodiguent une réelle complicité, ludique et intellectuelle. Souvent, pendant les consultations, ces patients me demandent où ils pourraient s'inscrire, ou rencontrer un groupe qui partage la même douleur. Ils ont alors le sentiment qu'en partageant leur souffrance ils seront enfin compris. Ils ne réalisent pas – ou ils font semblant de ne pas comprendre – qu'il n'y aura pas de solution dans cette écoute, mais plutôt l'alimentation chronique de leur plainte par une autre plainte et, partant, un enfermement.

Ainsi, convaincu de ne pouvoir être compris et surtout de ne pouvoir jamais se défaire de cette souffrance inscrite dans son corps et dans son âme, Benoît souhaitait avant tout obtenir de moi des noms d'associations, et que je le soumette aux tests qui lui en ouvriraient largement les portes. J.-B. Pontalis a remarquablement illustré les relations thérapeutiques négatives qui ressemblent à s'y méprendre à cette situation même : « Au-delà des régulations qui assurent le jeu du plaisir et du déplaisir, c'est ce qu'on pourrait appeler un principe d'agonie – de jouissance et de douleur – qui est à l'œuvre[1]. »

Le thérapeute spécialiste de la douance, dépossédé de sa position d'interlocuteur lors d'entretiens avec de tels

1. J.-B. PONTALIS, *Perdre de vue*, Gallimard, 1988.

patients, est alors pris à témoin et il lui est demandé de se contenter de valider les faits : il a devant lui un adulte à haut potentiel qui se plaint de souffrir. Rien de plus. Son patient n'attend pas de lui qu'il « agisse », soulage, suggère ou permette une nouvelle prise de perspective, mais simplement qu'il entre dans la liturgie de la souffrance.

« Peu importe que ça me coûte », m'objectent certains lorsque je leur fais remarquer que nous faisons du surplace et que nous n'évoluerons pas tant qu'ils n'auront pas accepté de ne plus envisager leur rapport avec le monde et avec les autres à l'aune exclusive de leurs difficultés et de leurs douleurs. Ce qu'ils désirent, en fait, c'est que « ça dure », et leurs rendez-vous chez le clinicien ne sont plus qu'autant d'occasions de se rassurer sur cette permanence.

Que faire dans une situation pareille, qu'on soit psychanalyste ou interlocuteur privilégié ? Tout d'abord, il convient de ne pas se radicaliser à son tour, ni de ne plus circonscrire le dialogue qu'à partir et autour de cette souffrance. Pour maintenir une position « soignante », il est important pour le thérapeute – comme pour l'interlocuteur – de ne pas perdre de vue qu'il est confronté à un ré-agir en réponse à un agir antérieur, et que le rapport de force avec le patient est réel parce qu'à la demande de dépasser cette souffrance s'oppose un refus de « guérir ». Ce refus restera vivace tant que le patient n'aura pas défini son objet interne primaire (la mère archaïque à la fois bon et mauvais objet) ; tâche d'autant plus difficile que l'amour et la haine pour ces objets sont intenses et imbriqués.

Avoir mal, éprouver cette douleur, dénoncer la douleur sont ainsi pour Anaïs une condition vitale pour être. Indestructible, ce « mauvais objet » interne garantit au sujet sa propre permanence. À ses yeux, tout progrès sur le chemin de la guérison est l'anticipation d'une séparation. Le seul changement valable selon elle serait un changement tangible opéré dans la réalité – c'est-à-dire changer ponctuellement d'attitude par rapport à une question bien déterminée : organisation de son travail, nature d'un échange, voire changement de son entourage à son égard.

Pour amener le patient à envisager de rompre avec sa douleur, et pour que cela soit possible et indispensable pour améliorer son rapport avec le monde, il faut commencer par l'écouter plus attentivement encore que d'habitude de façon qu'il accepte de parler de sa souffrance en y réfléchissant comme s'agissant d'un objet qui lui serait extérieur. L'écoute doit être vigilante, je le répète, car s'il n'y a pas de signes d'intérêt et de compréhension immédiats pour ce que l'adulte surdoué exprime, il s'enferme dans le silence. Lorsqu'on écoute ces patients avec l'attention requise, on est d'ailleurs tenté de se dire qu'avec un environnement précoce aussi défectueux, ou après une telle succession de dommages et de catastrophes, on n'a pas d'alternative que d'essayer de réparer. Il se révèle alors important d'acter cette écoute, et de faire comprendre au patient, sous une forme ou une autre, que nous reconnaissons la violence qui lui a été faite, et que nous comprenons ses réactions de rejet à l'égard de tout ce qui l'entoure. « Le monde est contre moi, je ne peux être que contre le monde », semble-t-il dire.

Pour certains, cet attachement à leur souffrance est tel qu'ils somatisent leur douleur. À la façon du personnage de Fritz Zorn dans *Mars* « pour qui l'apparition du cancer est aussi l'apparition d'un “je” ». Enfin, par le biais de cette maladie, il existe. Deux de mes patientes surdouées ont évoqué, lors de leur premier entretien, que l'apparition pour l'une d'un cancer du sein et pour l'autre d'un sarcome au bras avait été libératrice. Elles reprenaient sans le savoir, et à leur compte, les mots de Mars, le personnage emblématique de Fritz Zorn : « Partout où ça fait mal, c'est moi. » Comme l'a établi le psychanalyste Patrick Delaroche[1], la maladie physique a un pouvoir déculpabilisant, comme si elle venait racheter on ne sait quelle faute latente, au point que certains angoissés guérissent de leurs angoisses quand survient un mal organique.

Chez les patients si fortement attachés à leur souffrance, le désir de ne pas la perdre est évident : ne pas perdre l'objet auquel ils sont attachés et ne pas être perdants. Leur besoin impérieux de faire changer l'autre, de l'amener à fléchir pour faire de lui un témoin, voire un complice de leur souffrance, est manifeste. Mais tous les surdoués ne campent pas sur une position aussi négative, ni ne sont potentiellement réfractaires à un soutien psychologique qui pourra répondre à leur désir de mettre un terme à leur insatisfaction et à la désillusion de l'amour. Bien accompagnés sur le chemin de la guérison, certains ont su faire preuve de résilience…

Évaluer son rapport personnel avec la plainte

Pourquoi nous plaignons-nous ? Pourquoi prenons-nous à témoin quelqu'un de notre entourage pour lui faire part de notre malaise, ou de notre souffrance endémique ?

Dans la majorité des cas, se plaindre consiste à se

1. Patrick Delaroche, *La Peur de guérir. Les résistances à la psychanalyse*, Albin Michel, 2003.

présenter comme la victime d'une injustice, ce qui, comme chacun sait, est une position gratifiante. La victime, dans son innocence, appelle à la fois admiration, compassion et considération. La position de victime interdit toute critique – passerait-on au crible l'attitude de ceux qui ont subi un traumatisme, une agression, une violence ?

Hors ces cas extrêmes et justifiés, celui qui se plaint de son mal-être existentiel le fait le plus souvent, et très paradoxalement, par envie. Ce qu'il désire, c'est l'attention entière de l'autre, bien plus que la résolution de l'objet de sa plainte.

Essayez de proposer un remède, une solution à celui qui se plaint : il se fera toujours l'avocat de son propre mal. Il vous répondra : « Oui, mais… » Faites-lui la liste de tous les avantages qu'il possède : « Tu as tout pour être heureux », et il prendra vos arguments, même fondés, comme une offense. C'est que cette réponse objective que vous opposez à son malaise le renvoie à ses devoirs envers lui-même et à sa responsabilité sur son propre destin, alors que la plainte, si vous l'écoutez avec bienveillance, lui confère des droits et de la valeur.

Ainsi, il reçoit mal qu'on lui conseille un changement d'attitude, ou une modification de ses perspectives sur sa propre vie. Il a une parade à ces exigences, déclarer qu'il n'a aucun pouvoir sur ce qu'on lui demande : « Je ne peux ni m'accepter ni changer ce que je suis. » En vérité, ce que le plaignant attend de son interlocuteur, c'est la confirmation de son état et non pas de l'aide, c'est d'être pleinement reconnu comme une victime et, dès lors, attirer à lui les réponses compassionnelles à cette situation. Celui qui récite ses malheurs recherche le plus souvent la sympathie et l'affection, voire une reconnaissance sociale, bien plus qu'une réparation qui abolirait cette souffrance. On connaît bien aujourd'hui, dans un monde de communautarismes, le recours aux discours « victimaires » des minorités qui cherchent ainsi à obtenir de la majorité, par l'obligation que crée la reconnaissance du dol, à la fois un statut à part et les droits afférents, au nom de leurs difficultés d'intégration, intégration de fait rendue impossible par ce statut même.

Par sa souffrance, la victime devient ontologiquement différente de tous les autres individus. Sa souffrance devient son identité première : « Ma souffrance particulière devient mon signe distinctif. » Cependant, elle finit par se rendre compte que se plaindre pour attirer l'autre à soi est une manœuvre qui, à terme, échoue la plupart du temps. À se plaindre constamment, on fatigue tout son entourage, excédé d'entendre toujours la même litanie. Le souffrant se plaint alors, et à raison, d'être rejeté. Et par cette nouvelle plainte, dès lors mâtinée de reproche, il provoque plus de rejet encore.

Dans certains cas, la plainte sert aussi d'autojustification. Ainsi, le procès de ses parents est très souvent le moyen d'éviter un examen rigoureux et objectif de ses responsabilités. L'éducation parentale offre une source inépuisable de justifications. On les blâme d'en avoir trop fait, ou de ne pas en avoir fait assez. On les accuse de nous avoir empêchés de réaliser nos potentiels, et de nous avoir poussés dans une voie qui n'était pas la nôtre… On leur reproche de ne pas nous avoir donné une image satisfaisante de la vie de couple. « Ma mère ne m'a pas appris à être une femme, elle m'a inculqué qu'il ne fallait jamais montrer ses sentiments », se rappelle douloureusement Nadine dans mon cabinet. Si tant est, comme le veut l'adage, qu'on devient adulte lorsqu'on pardonne à ses parents, on devient responsable lorsqu'on accepte, comme nous appartenant pleinement, ce qu'on est et qui on est.

Dans le cas des surdoués, il faut bien évidemment prendre en compte la très grande attente parentale, la pression qu'ils ont subie pour qu'ils se surpassent et réalisent les promesses – largement magnifiées dans la mythologie familiale – que pose leur QI. Il va sans dire que cette attente et cette pression coupent l'enfant surdoué de son entourage, et lui accordent une place à part déjà dans la famille, ensuite à l'école. Elles créent l'habitude chez lui d'un surinvestissement – d'attention, d'affection, d'admiration, d'encouragement – de l'entourage qu'il ne retrouve plus dans la société quand il entre dans la vie professionnelle. Dès lors, ce qui lui valait cette attention si gratifiante – sa douance – devient à ses yeux ce qui lui vaut d'être rejeté, ou au mieux le fait de ne plus être le centre du monde.

> Tous mes défauts, ma médiocrité, mes échecs, mes manques sont de leur faute, a décidé une fois pour toutes Jérôme, qui a fermé sa porte à toute sa famille qu'il accuse de la solitude dans laquelle il se trouve – dans sa vie professionnelle et sentimentale. Avec lui, et malgré ses résistances, le lent et profond travail d'analyse n'a pu se faire qu'à partir du moment où il a accepté de ne plus justifier ses manques et ses erreurs par ceux de ses parents. Jusque-là, Jérôme, la quarantaine, en s'enfermant dans une posture victimaire, n'avait jamais cessé de fuir ses responsabilités dans la succession de ses échecs. Il n'a commencé à progresser que le jour où, de lui-même, il a oublié de me répondre : « Oui, mais mon père… Oui, mais à cause de ma mère… » ou de m'opposer : « “On” ne me comprend pas, “on” me fait souffrir », ou : « Oui, mais je ne le peux pas parce que je suis différent. »

Les parents ne sont pas le seul recours pour se justifier. L'époque et la société sont l'objet de procès interminables qui n'ont d'autre but que de leur faire porter la responsabilité de leurs propres manquements. « Je ne suis pas programmé pour ce siècle. Aujourd'hui, il n'y a de place que pour les gens médiocres parce qu'ils ne font pas d'ombre » ; « Je suis un poète et la poésie n'intéresse plus personne ».

Que ce soit à l'encontre des parents ou de la société, ces conduites d'accusation aveugle et obstinée, dans ce qu'elles induisent de démission, servent d'alibi pour installer le plaignant dans une passivité totale et, *de facto*, innocentée. Pour s'accepter tel qu'il est, sans renoncer pour autant à s'améliorer, le patient surdoué doit abandonner la recherche de boucs émissaires extérieurs, comme il doit aussi cesser de culpabiliser parce qu'il a un QI supérieur à celui de ses frères ou de ses sœurs, parfois à celui de ses parents, comme si sa douance lui retirait quelque chose qu'il faudrait compenser par un mal-être manifeste.

Enfin, certains patients basculent parfois d'un extrême dans l'autre. Lorsqu'ils ont renoncé au bouc émissaire, ils éprouvent le besoin de se présenter comme le coupable expiatoire. Qu'un de leurs proches évoque une douleur, ou un problème, et ils se proposent immédiatement comme responsables. Ce « plan B » psychologique vise aux mêmes résultats : obtenir de l'autre son attention, obliger l'autre à dénier notre responsabilité dans les ennuis qui l'accablent.

Ce constat établi, il ne faut en aucun cas minimiser la souffrance du patient, qu'on ne peut jamais évaluer de façon objective, au moyen d'une échelle virtuelle qui soupèserait la souffrance vécue à l'aune des critères de M. Toulemonde. Si les causes d'une souffrance peuvent être objectivement hiérarchisées – entre la perte d'un être cher et la perte d'un emploi par exemple –, la douleur est toujours un ressenti subjectif, personnel et incommunicable. Personne, quand il souffre, ne trouve de consolation dans la conscience que d'autres que lui pourraient souffrir plus encore et pour des raisons objectivement fondées. C'est donc toujours une violence faite à autrui, un déni de sa réalité, que de décider s'il mérite notre compassion ou s'il devrait plutôt « prendre sur lui », parce que nous estimons les raisons de sa souffrance négligeables. Or c'est toujours en fonction de critères subjectifs que nous répondons au plaignant et que nous lui signifions que sa plainte est recevable. Pour cette raison, le recours à une analyse reste la voie la plus fructueuse pour le patient qui veut sortir de sa souffrance et échapper au cercle vicieux dans lequel elle l'enferme. Un clinicien, en écoutant la plainte sans porter de jugement, incite le plaignant à objectiver sa souffrance et à établir des liens entre sa propre perception de sa souffrance et la perception que son entourage peut en avoir. En invitant l'entourage dans sa souffrance par le biais de l'analyse, le patient entrouvre une porte sur le monde extérieur qu'il prend enfin autrement que comme une menace ou une indifférence. Une brèche est percée dans le mur qu'il a construit lui-même entre lui et le monde extérieur.

Le clinicien invite alors le patient à réfléchir aux raisons de son recours personnel à la plainte. Que celui-ci accepte, et une étape du mieux-être est franchie. On l'a dit, la plainte sert toujours à se valoriser, pour obtenir de la compassion, mais aussi de l'admiration. « Le récit des épreuves qui ont jalonné ma vie, des malheurs que j'ai affrontés, témoigne de mon courage et de mon mérite. » Pour prendre conscience des raisons réelles de sa plainte, le patient devra accepter de tenir une sorte de journal clinique et noter, chaque fois qu'il se surprend lui-même à passer en mode victimaire, à quel moment il le fait, avec qui et sur quel sujet. Cet état des lieux permet de réfléchir à la place réelle qu'occupent dans sa vie mari ou femme, frère ou sœur, ami ou collègue. Qu'attendons-nous en vérité de chacun ? Qui rendons-nous responsable de notre état, d'une situation précise ? Le faisons-nous inconsciemment, ou à partir d'un ressentiment précis, fondé sur un événement ? Grâce à cette cartographie de ses états d'âme, l'adulte surdoué, pour peu qu'il veuille bien s'adonner à cet exercice, pourra se positionner clairement dans le jeu de ses relations – familiales, amoureuses, amicales ou professionnelles. Clairement, c'est-à-dire hors du prisme des réponses à sa plainte. Avec toujours en perspective que le piège du malheur, c'est de s'identifier à lui. Il doit le comprendre : son malheur ne peut pas définir son identité. Il ne peut pas lui offrir une place dans la vie de l'autre. Et quant à sa souffrance, elle n'est pas le prix à payer pour excuser sa douance.

Accepter de renoncer à sa souffrance

> « J'implose et je ne permettrai à personne de toucher à ma souffrance qui est unique. Moi seule ai le droit d'en parler. » Agnès, toujours. Agnès, dotée d'une puissance intellectuelle sans comparaison, et pourtant brisée par son incapacité de se voir aimée et reconnue dans le regard des autres. Agnès, écorchée vive, à qui plus personne n'ose parler autrement que pour un échange d'informations inévitables et réduites au strict minimum.

Rumination, confusion et fantasme. Le ressentiment peut être si puissant qu'il s'empare de la totalité des facultés d'un individu. L'imaginaire, au lieu d'être le lieu de l'évasion et du rêve, trésor pour le surdoué qui y puise matière à épanouissement, est tout entier accaparé. Il est mis au service de la « paranoïa » et, dès lors, entretient la confusion et la mise à distance de plus en plus lointaine de la réalité.

Rien que de plus normal. La colère, la fuite ou la violence sont des sentiments-écrans que j'interpose entre moi et l'autre pour ne pas entendre ce qui a été blessé en moi. Il s'agit d'une douleur qui s'égare parce qu'elle se commue en révolte ou oblige au silence. Il se peut qu'une rupture provoque le même état d'esprit – un refus d'analyser les événements dans leurs causes et leurs effets, et selon la part qu'on y a prise. Dans tous les cas, la blessure narcissique – ce sentiment d'être nié dans ce qui constitue son essence et les racines de son affect – fonde ce ressentiment.

Il serait malhonnête de minimiser la profondeur de la blessure qui est celle du surdoué dans sa solitude et dans son incapacité à entrer en relation de façon satisfaisante avec autrui. Sa blessure est non seulement profonde, mais elle est tenace, car elle est le fruit d'une accumulation de petits faits insignifiants qui, pris isolément, sont dérisoires. C'est la répétition de ces signes d'impuissance, ces marques d'injustice, ces micro-humiliations qui va donner corps à sa rancœur. Les frustrations répétées, les humiliations subies sans protestation, qui ont une résonance lointaine, créent en nous tous une tension de plus en plus insupportable. Cette tension doit se décharger et trouver un exutoire.

Paradoxalement, le bouc émissaire sera souvent la personne dont on attend le plus, celle dans laquelle on avait le plus investi d'espoir. Comment en serait-il différemment ? C'est parce que j'attendais d'elle qu'elle me comprenne, qu'elle me reçoive, et qu'elle compatisse, à défaut de pouvoir m'aider, que je souffre quand elle se dérobe à mes attentes et fuit mes plaintes. Les proches – parents, enfants, partenaires amoureux –, parce qu'ils sont ceux dont j'attends le plus, deviennent dès lors ceux à qui j'en veux le plus. Ils deviennent les récipiendaires principaux des ressentiments profonds – ressentiments parfois proches de la haine. Peut-il en être autrement ? On ne souffre que par ceux qu'on aime, on ne se blesse que par les avis émis par ceux qui comptent pour nous.

La difficulté de cicatrisation de cette blessure vient de ce qu'elle est entretenue par une colère contre l'autre qui, généralement, n'est qu'un évitement de soi-même. Elle permet à celui qui souffre de ne pas chercher en lui, en ses actes, en ses manques, la source des conflits et des solitudes. Elle lui évite le travail d'honnêteté intellectuelle qui lui permettrait de reconnaître ses échecs et ses insuffisances – étape indispensable pour guérir.

Or, lorsque la rumination s'installe dans la durée, le ressentiment devient un poison pour soi-même et pour les autres. Le plaisir lié à la répétition d'une séquence ou d'un dialogue toujours remaniés par l'imaginaire nous empêche de les dépasser. En somme, plutôt que d'entamer un processus de guérison, nous dépensons toute notre énergie à entretenir ce qui nous fait tant souffrir.

Ce processus fait souvent des surdoués des « proies consentantes » pour tout interlocuteur qui se complaît dans la souffrance des autres. Fort heureusement, à un certain moment de son existence, le surdoué connaît un sursaut vital, une sorte de rebond qui lui permet de revenir à une liberté lucide, de se défaire de l'emprise psychologique de celui qui entretient la plainte et l'amplifie en la justifiant.

Souvent, à cet instant de leur vie, les surdoués ressentent la nécessité de se tourner vers quelqu'un objectivement capable de les aider. Ils ont pris conscience qu'ils ont besoin d'aide, et non pas d'une oreille compatissante. L'analyse qu'ils entreprennent les amène toujours à tirer un bilan enfin positif de leur vie.

En effet, pour abandonner sa souffrance, le surdoué devra apprendre à pardonner. Se pardonner à lui-même ce qui l'a aveuglé, ce qui a fait ses manques et ses erreurs. Ce pardon acquis, grâce à une lucidité recouvrée – lucidité sur soi-même et sur le monde dans sa réalité –, le surdoué, enfin en harmonie avec lui-même, pourra pardonner à l'autre. Retournement fructueux : la colère devient un moteur à sa propre créativité. La colère de s'être laissé engourdir, voire anesthésier, au lieu de jouir de ses formidables et incomparables capacités intellectuelles. Dès lors, avec les ressources énormes qui sont les siennes, plutôt que de s'enfermer dans des effets secondaires – une inévitable solitude, une difficulté à posséder toutes les clés du monde et toutes les grilles de lecture de son entourage –, le surdoué apprend à goûter enfin au plaisir du moment présent. Parce qu'il en a tout d'abord épousé les poisons, le surdoué peut enfin relâcher cet état de violence et user, vis-à-vis de lui, d'un recul qu'il traduira par l'humour, le sourire, voire le rire qu'il partage avec les autres.

Pour parvenir à cette étape salvatrice, indispensable pour réparer le lien déficient avec les autres et avec le monde, l'adulte surdoué doit passer par la résilience.

4.

La résilience

Qu'est-ce que la résilience ?

Ce mot a été employé aux États-Unis dans les années 1950, pour répondre aux impératifs techniques de la métallurgie. Il désigne la qualité particulière de certains matériaux métalliques, ou de certains alliages, que recherchait l'industrie. Cette qualité de « résilience » tenait à une forme d'élasticité et de finesse et permettait au matériau de retrouver son état initial après avoir subi un choc ou une pression continue. Autrement dit, selon la définition du *Petit Larousse illustré 2000*, la résilience est la caractéristique mécanique qui définit la résistance aux chocs d'un matériel.

Cette notion a largement débordé le domaine du vocabulaire technique. Le mot résilience s'est imposé pour illustrer le sens de « rebondir » ou de « se redresser ». Il n'avait d'ailleurs pas été inventé par la métallurgie. Il avait été utilisé, bien auparavant, dans des contextes très différents : en 1516, Thomas More, dans son ouvrage *Utopia*, évoque déjà la capacité de résilience de l'individu face à la misère. Que met-il en avant, qui sera par la suite analysé par les économistes ? Pour rester propriétaire de soi ou le devenir, l'individu doit réunir trois vertus irremplaçables : être capable d'atténuer psychologiquement les effets paralysants du risque ; savoir protéger les acquis de ses efforts antérieurs de façon à pouvoir restaurer ce qui a été sinistré de ses capacités d'entrepreneur ; enfin, avoir appris à renforcer ses responsabilités et la notion de ses responsabilités dans les événements et dans les actions en général.

Ce que l'économie met en évidence, et qui fera le fonds de tous les principes de microcrédit et de réappropriation de la sphère économique par les plus déshérités, c'est que l'ambition du développement, qui est aussi une ambition de développement personnel, est le lieu d'une contradiction entre la nécessité de prendre des risques pour progresser et l'impossibilité de les assumer du fait d'une trop grande vulnérabilité – pauvreté et souffrance morale. C'est très exactement la situation de l'adulte surdoué, conscient des risques qu'il doit prendre pour entrer dans la sphère sociale, dont il ne possède pas les caractéristiques générales, et désarmé pour trouver une adaptation au stress et aux souffrances qu'il endure parce qu'il se sent incompris.

En psychologie, le concept de résilience est utilisé depuis trente-cinq ans pour décrire la capacité d'un individu à se relever après une expérience douloureuse, voire à apprendre à renforcer ses défenses psychologiques par la suite. Le succès de ce concept tient à ce qu'il met l'accent sur les forces et les conséquences positives d'un événement à l'origine malheureux, si ce n'est dévastateur. Ce travail d'inversion des points de vue est fructueux lorsqu'il est proposé et entrepris par les adultes surdoués, puisqu'il implique un recours à ce qui fait leur force, et dont ils sont largement dotés : intelligence synthétique, capacité d'abstraction, analyse de leurs capacités émotionnelles, créativité exponentielle.

C'est au début des années quatre-vingt que les psychologues américaines Emmy Werner et Ruth Smith ont associé pour la première fois le terme de résilience aux sciences sociales. Elles avaient entrepris une étude sur l'ensemble des individus nés dans l'une des îles les plus pauvres au monde, Kauai, dans l'archipel hawaiien, et de ce fait promis à une enfance à hauts risques. Elles avaient donc observé la façon dont certains de ces enfants, particulièrement exposés, étaient parvenus à cheminer positivement dans leur vie.

À partir de cette étude, les interprétations du concept et ses définitions ont abondé et, dès lors, il a été difficile, pour les cliniciens pourtant d'accord sur l'aspect prometteur de cette notion, de s'entendre sur ce que représentait la résilience et, surtout, sur les outils possibles pour intervenir de façon à la favoriser.

Par la suite, le concept s'est développé, suivant deux grands mouvements. Le premier a consisté à définir les caractéristiques à l'origine de la résilience d'un individu, c'est-à-dire les qualités propres à cet individu, ou les éléments de personnalité qui lui ont donné les moyens d'acquérir ou de développer ce trait de caractère. Dans la seconde vague, c'est au processus par lequel l'individu est parvenu à acquérir les atouts liés à la résilience que se sont intéressés les psychologues. Cette approche a permis de mettre en évidence la dynamique grâce à laquelle des individus ont pu dépasser l'épreuve et mettre à profit cette expérience. Cette seconde étape a posé la résilience comme une qualité qui ne peut être acquise de façon définitive, puisque soumise à des pressions et à des affects extérieurs dont l'individu ne peut rester, tout le temps, le maître.

Ce qui a rendu la notion de résilience particulièrement populaire en sciences humaines, c'est qu'au contraire de beaucoup de réponses aux chocs et aux épreuves, elle permet à l'individu de prendre pleinement conscience de sa vie, et l'incite à éviter que les mêmes faits entraînent les mêmes dommages chez lui. La résilience induit généralement un changement des codes de valeur, une modification du sens qu'on donne à sa vie. Enfin, il faut préciser qu'elle ne conduit pas à un sentiment d'invulnérabilité, ni d'extrême résistance, mais à une capacité de s'adapter aux contraintes et aux causes jusque-là douloureuses, stressantes, voire de les dépasser sans que la sensibilité si fructueuse de l'individu en soit annihilée.

En France, c'est Boris Cyrulnik qui a fait connaître cette notion au grand public. Boris Cyrulnik est l'un des pionniers de l'éthologie française. Il est aussi neuropsychiatre, psychanalyste, psychologue, et l'auteur de nombreux ouvrages sur la résilience. Né à Bordeaux en 1937, il fait partie de ces hommes qu'une enfance instable et sans famille n'a pas rendus amers, mais au contraire curieux de l'univers du vivant. De cette enfance fracassée par la guerre et la déportation de ses parents, cet homme, qui ne parle de ses blessures qu'« à la troisième personne » et en écrivant sur les enfants, a tiré la capacité de transformer ses faiblesses en atouts. Du manque d'identité et de références, il a fait un tremplin qui l'a obligé, pour survivre, à se poser des questions constructives sur la nature humaine, et à chercher dans toutes sortes de milieux sociaux quels ressorts les individus utilisent pour continuer à vivre après des épreuves indicibles, inhumaines.

Cyrulnik définit la résilience comme la capacité à réussir, à vivre et à se développer harmonieusement, de façon socialement compatible, en dépit du stress ou d'une adversité, qui induisent normalement le risque grave d'une issue catastrophique – échec, dépression, suicide, marginalisation. Autrement dit, la résilience permet de reprendre une vie affective et sociale « normale » malgré la blessure, sans se fixer sur cette blessure. Elle recouvre un processus qui empêche de rester prisonnier du passé, sans pour autant transformer l'individu en une espèce d'être supérieur à ses affects, voire un surhomme.

Pour éclairer son propos, l'auteur utilise la comparaison avec le tricot : la vie se tricote avec les fils qu'on trouve autour de soi, il peut y avoir des mailles sautées, quelques trous qui ne se rattrapent pas. L'aspect du tricot en sera forcément affecté, mais il tiendra quand même…

Orphelins, maltraités, abandonnés, violés… Qui sont les résilients ? Ces enfants nous étonnent toujours quand nous les voyons « tenir le coup » malgré les épreuves qu'ils ont dû traverser. C'est alors que nous posons la question : comment ont-ils pu s'en sortir ? Boris Cyrulnik a démontré que la plupart des enfants résilients ont élaboré une « théorie de vie » en associant le rêve « Comment vais-je faire pour être heureux quand même ? », l'intellectualisation « Pourquoi dois-je tant souffrir ? », le récit ou encore, grâce à une main tendue, la volonté de dépasser leurs épreuves et d'avoir de nouveau confiance en la vie, en l'autre, étapes indispensables pour affronter la souffrance passée, et se protéger de celles à venir[1].

1. Boris Cyrulnik, *Un merveilleux malheur*, Odile Jacob, 1999.

Profil et portrait du résilient

« Ressort » et « tricot » sont les deux mots-clés que l'auteur a utilisés pour définir et expliquer la résilience : « Le ressort parle de la résilience, le tricot explique la manière de s'en sortir. » Une étude comparative a été faite entre l'itinéraire de ceux qui ont eu une enfance dure et ceux qui sont dans un milieu protégé. Entre les enfants traumatisés qui ont une aptitude à la résilience, et ceux qui ont acquis la confiance primitive : « On m'a aimé donc je suis aimable, donc je garde l'espoir de rencontrer quelqu'un qui m'aidera à reprendre mon développement », on constate que ce n'est pas parce qu'on est dans un milieu protégé qu'on possède un meilleur mécanisme de défense face aux difficultés de la vie. Parfois même, il semblerait que trop de protection affaiblisse les mécanismes de résistance.

Cette étude a permis de mettre en évidence des caractéristiques récurrentes chez les résilients, et il est remarquable de constater qu'elles sont celles des individus à haut potentiel – et, partant, elles méritent d'être soulignées pour la formidable voie de guérison que ces mécanismes de résilience, adaptés aux adultes surdoués, leur offrent. Quelles sont-elles ?

L'imaginaire

Tous les exemples que donne Boris Cyrulnik – Bernard condamné à mort à l'âge de six ans, Michel interné à Drancy à l'âge de cinq ans, Renate témoin de la persécution de ses parents à l'âge de huit ans, et encore bien d'autres… – nous montrent que ces enfants ont tout d'abord subi passivement la loi des adultes. Ils ont observé les détails de la scène du

« crime », puis ils ont transféré sur un objet ou au travers d'un scénario qu'ils se sont répété chaque nuit les derniers éléments du bonheur tel qu'ils l'ont vécu. Et c'est grâce à ces précieux souvenirs que ces enfants blessés ont développé leur imaginaire. Nous voyons bien ici que les rêveries et l'idéalisation des absolus leur ont permis de créer un espace interne inviolable où ils ont pu se ressourcer quand il leur a fallu affronter les épreuves les plus intolérables, et qu'elles les ont aidés à les endurer.

L'intellectualisation

L'intellectualisation apporte des bénéfices plus réels encore que l'imaginaire lorsque l'enfant traverse une situation conflictuelle insupportable : il cherche à comprendre ce qui se passe et ce qui lui arrive. Intellectualiser un moment de traumatisme permet de prendre de la distance par rapport au vécu et d'acquérir une maîtrise de soi face à l'affrontement. Chez les enfants maltraités, ou qui vivent des événements tragiques, collectifs ou personnels, la focalisation de l'attention sur les études est un recours salvateur. Elles deviennent une oasis dans un quotidien infernal. C'est qu'à l'école un grand nombre de mécanismes d'autodéfense peuvent se mettre en place : réchauffement affectif, revalorisation de soi, idéalisation, intellectualisation, activisme, espoir d'une revanche matérialiste, projet de réussir pour gagner de l'argent contre la misère... donnent un courage, certes morbide mais constructif, à ces enfants pour qui l'obtention d'un diplôme devient le baume qui guérit tout. Il faut néanmoins noter qu'il est fréquent que les troubles de l'affectivité persistent parce qu'ils cherchent à séduire ceux qui les maltraitent et maltraitent ceux qu'ils parviennent à séduire.

Quoi qu'il en soit, dans la plupart des cas, on a constaté que l'idéalisation et l'intellectualisation se mettaient en place très tôt et qu'elles protégeaient les enfants.

L'humour

Chez beaucoup d'enfants étudiés par Boris Cyrulnik, l'humour s'est révélé une défense importante en tant que capacité de sublimation. La représentation de l'événement traumatisant, destinée aux autres, et sur un mode de farce ou de pastiche, permet de prendre de la distance et de moins se laisser entamer par l'épreuve, voire d'en retirer un petit bénéfice de comédien.

L'estime de soi

Se réfugier dans une estime de soi, dans une sorte d'amour-propre né du refus de se laisser atteindre par les agressions extérieures, représente aussi une excellente protection. L'image de soi-même est renvoyée à l'autre, qui en prend acte et, dès lors, la renvoie comme telle à l'enfant. C'est ainsi, petit à petit, que celui-ci se forme une idée de lui qui le rassure et à laquelle il finit par tenter de se conformer.

Cet amour-propre, solidement enraciné par un ou plusieurs événements malheureux auxquels l'enfant s'aperçoit qu'il survit, devient alors un atout pour lui. Il nourrit sa motivation, il le rassure dans sa capacité à prendre une revanche sur l'ennemi ou sur le destin. Il peut être aussi une justification dans les choix à faire, et la béquille indispensable pour se reconstruire après un échec. Un enfant martyr, parce qu'il a été capable de résilience, s'est acharné à passer son bac malgré son retard scolaire, parce qu'il voulait être avocat…

L'altruisme

Curieusement, on a constaté que l'altruisme est l'un des traits dominants de cette population d'enfants éprouvés. Dans leur grande majorité, ils se sont révélés capables d'autonomie, alors même que le chagrin aurait dû les broyer, et ils ont tous trouvé des ressources pour se tourner vers les autres. C'est que le dévouement à autrui permet d'échapper à soi-même et à ses conflits intérieurs. Il permet de se faire aimer grâce au bonheur qu'on donne. L'altruisme a l'avantage supplémentaire de forger une identité narrative à ceux dont l'identité d'enfant a été brisée : « Je suis celui qui… a été déporté, violé ; transformé en enfant-soldat, etc. » S'ils ont la possibilité de rattrapage, d'expression, un grand nombre d'entre eux deviennent résilients. Encore faut-il leur offrir des moyens d'exprimer leur créativité : préparer un examen, participer à une œuvre collective… Les jeunes en difficulté se sentent humiliés si on leur fait la charité (et plus encore lorsqu'on leur fait la morale). Mais ils rétablissent un rapport d'équilibre quand on leur fournit l'occasion de donner. Devenus adultes, ils sont attirés par les métiers de l'altruisme. Ils veulent faire bénéficier les autres de leur expérience. Avoir eux-mêmes été des « enfants-monstres » leur permet de s'identifier à la souffrance d'autrui et de respecter chez l'autre sa blessure, même lorsqu'elle se dit sur le mode de la violence.

On notera que les individus qui se sont relevés de leurs traumatismes ont une capacité d'adaptation relationnelle et d'empathie. En termes d'éducation, la résilience peut nous paraître comme un message d'espérance. Mais il y a des risques à ne regarder que le côté positif ! C'est un truisme de dire que nous sommes dans une société où nous aimons juger une méthode ou un individu selon son efficacité. Nous avons donc tendance à ne considérer que le succès de ceux qui sont sortis vainqueurs de leurs épreuves.

Pour autant, il convient de rappeler que la résilience présuppose qu'il y ait eu au préalable souffrance psychique ou traumatisme. Et qu'en aucun cas la fin ne peut justifier les moyens. L'entourage comme le clinicien doivent garder à l'esprit que résilient n'est pas synonyme d'invulnérable. Et si les sujets d'étude de Boris Cyrulnik s'en sont effectivement sortis, ils ont vécu des choses épouvantables. Ils restent des individus blessés, dont le cours de l'existence a été à jamais modifié, quand bien même, malgré la blessure qu'ils ont subie, malgré le traumatisme important qu'ils ont rencontré, ils ont su mobiliser un certain nombre d'énergies pour trouver leur place, en différents domaines. Souvent, ce sont des gens qui sont devenus très créatifs en suppléant leurs défaillances. Ils possèdent donc cette richesse – cette créativité – mais, dans le même temps, ils sont encore vulnérables et peuvent se trouver brutalement blessés et mis à terre par un événement qui vient réveiller le traumatisme antérieur. Ils sont donc fragiles : Cyrulnik a utilisé l'« huître perlière » comme métaphore pour illustrer ce qu'il a nommé la « conception de l'oxymoron ». Qu'est-ce qu'un oxymoron ? Il s'agit d'une figure rhétorique qui consiste à associer deux termes antinomiques – c'est « l'obscure clarté » de Corneille. C'est la perle que fabrique l'huître pour emprisonner la bactérie qui devait la tuer.

C'est donc à partir d'une expérience de souffrance, pour la dépasser, qu'on actualise des forces demeurées jusqu'alors latentes et inconnues. La résilience apparaît comme un résultat paradoxal dans la confrontation des traumatismes et des blessures, qui induit la créativité. Cependant, encore une fois, ce *happy ending* ne doit pas cacher la fragilité du résultat. La résistance de l'individu résilient à son traumatisme n'est jamais un acquis définitif, ni ne s'applique à tous les domaines. Il existera toujours un talon d'Achille qui peut être atteint lorsque l'individu se retrouve, d'une façon ou d'une autre, dans une situation analogue à celle qui a occasionné sa blessure, ou dans un moment qui la lui rappelle.

Finalement, la résilience définit le sursaut de ceux qui, ayant reçu un coup, dépassent leur douleur, alors que l'oxymoron rappelle les tensions intimes de ces rescapés. Ils se sont certes relevés, mais ils resteront à jamais convalescents. Ce qu'il faut déduire de toutes ces études, et qu'il faut souligner pour le cas des adultes surdoués, c'est que la résilience est possible : elle existe, au terme d'un consciencieux travail, fût-il inconscient, d'une méthode et de volonté, mais elle a un prix.

C'est important car, habituellement, les psychologues s'attachent à comprendre et à aider ceux qui souffrent, c'est-à-dire les non-résilients, et l'opinion publique en déduit que ne sont à traiter que ceux qui ne se sont pas relevés de leur traumatisme. Quant aux psychologues eux-mêmes, ils ont eu souvent trop tendance à séparer le monde intérieur du monde extérieur, au point de nous avoir fait croire qu'un individu peut échapper à son contexte, et aux évolutions de sa vie. L'originalité et l'intérêt des études menées sur la résilience consistent à avoir bien mis en évidence les mécanismes de défense que le traumatisé met en œuvre pour survivre à sa blessure et la dépasser. Pour filer la métaphore du tricot chère à Boris Cyrulnik, décidons que les fils qui le composent sont dans les mots, les sourires, les froncements de sourcils que les parents ont échangés avec leur bébé, et sans lesquels celui-ci n'a aucune chance de se développer. Les tuteurs de leur résilience, l'enfant comme l'adulte les trouveront donc dans les cercles qui les entourent : leurs parents, leur famille, leurs amis, leurs relations, la société et ses traditions. « La résilience est un tricot qui noue une laine du développement avec une laine effective sociale… La résilience n'est pas une substance, c'est un maillage. Nous sommes contraints de nous tricoter avec nos rencontres dans nos milieux affectifs et sociaux [1]. »

L'objet et l'intérêt de la démarche de Boris Cyrulnik ont consisté à renverser la problématique classique, à déplacer l'objet d'investigation théorique : s'attacher à comprendre non plus les mécanismes qui engendrent la souffrance, mais ceux qui permettent de s'en libérer. C'est cette compréhension qui permet dans un deuxième temps d'aider à porter les souffrances. Ce sont ces mécanismes que l'adulte surdoué, que sa douance prédispose à y avoir recours, devra mettre en œuvre pour mettre un terme à la souffrance qu'il subit depuis son enfance.

Les mécanismes de défense du résilient

Les domaines de la créativité

La créativité est représentée comme la « fille de la souffrance ». Il faut néanmoins préciser que, pour autant, la souffrance n'est pas systématiquement la mère de la créativité. Boris Cyrulnik a dressé une liste impressionnante des

1. Boris CYRULNIK, *op. cit.*, p. 38.

personnalités célèbres, notamment dans la littérature française et internationale, qui ont en commun des séparations précoces de longue durée ou bien la perte d'un de leurs parents lorsqu'ils étaient en bas âge. Il a souligné l'existence d'une surreprésentation d'orphelins dans la population des gens créatifs.

Mon expérience de clinicienne m'a permis de constater le grand besoin de se raconter des anciens enfants carencés affectivement, ou qui ont été abusés. Certains éprouvent la nécessité de livrer leur histoire dans des ouvrages autobiographiques. D'autres trouvent dans la littérature dont ils font leur métier des formes de sublimation. D'autres encore excellent dans d'autres formes d'art, ou bien dans l'humour. La créativité les aide dans la distanciation vis-à-vis des épreuves de l'existence sous l'égide de la sublimation. « L'art est devenu pour eux une suture, une couture, un raccommodage entre les deux parties déchirées de leur personnalité[1]. »

La créativité a l'immense avantage, pour l'adulte surdoué, de présupposer une grande originalité de la part de l'artiste. Dans les domaines créatifs, la différence dont se plaint le surdoué est donc sublimée. Elle est même la qualité fondatrice de tout acte créatif. Plutôt que d'être incompris et rejeté, l'artiste est écouté et interrogé dans sa différence.

La créativité comme mécanisme de résilience exige néanmoins une intelligence certaine : il faut savoir attendre le bon contexte pour entreprendre le récit vrai de son malheur. Un vrai récit, pour être salvateur, a besoin de quelqu'un qui écoute vraiment et lui donne son sens. Alors, il peut devenir une thérapie qui permet au sujet blessé de retrouver

1. Boris Cyrulnik, *op. cit.*, p. 128.

pleinement son identité. Faut-il encore que l'enfant surdoué, devenu adulte, trouve les conditions pour entamer son discours. Dire sa souffrance en employant les bons mots, qui ne soient ni la rengaine de la plainte, ni le procès systématique de ceux qu'on a pris comme boucs émissaires, demande déjà un travail de mise à distance, un désir confirmé de guérison.

Bien évidemment, d'autres facteurs influent sur la possibilité – ou pas – de libérer sa parole, et parmi eux il y a la disponibilité de ceux qui vont la recueillir. Or, pour un adulte surdoué, dire son malheur n'est pas simple tant ses récepteurs et ses grilles de lecture empruntent des circuits et des modes différents des standards. Dès lors, beaucoup sont condamnés à se taire, surtout lorsque l'analyse précise de leurs souffrances dérange et va à l'encontre de la mémoire collective. Rappeler à ses parents leur surinvestissement dans le domaine scolaire quand ils ont appris la douance de leur enfant, et les privations de loisirs qu'ils lui ont infligées, signaler aux professeurs leur méfiance et leurs complexes lorsqu'ils sont confrontés à l'élève qui les dépasse, souligner devant le conjoint la rivalité intellectuelle qu'il a instaurée et son agressivité dans les moindres discussions parce que la douance met son autorité ou sa séduction en danger…

Peu reconnaissent les faits comme, lorsqu'il s'agit des parents, les effets néfastes de leur éducation sur la psyché de leur enfant.

> « Lorsque j'ai voulu en parler à ma mère, après des années de souffrance, lui dire combien mes cours obligatoires de piano, les heures de cours particuliers, le choix rigoureux de mes loisirs m'avaient coupée de mes contemporains et

empêchée d'avoir des amis, elle s'est décomposée, elle a quitté la table et elle m'a dit : "Après tout ce que j'ai fait pour toi ! Quand je pense que je me suis saignée aux quatre veines pour te payer tout ça !" » s'est souvenue avec douleur Françoise.

Ces réactions sont classiques. Devant celui qui représente la souffrance, le déni s'impose lorsqu'elle ne peut pas être sublimée. Par ailleurs, vis-à-vis de l'entourage, il convient de ne pas toujours « tout dire ». Pour deux raisons. D'abord, transférer sa souffrance sur l'un de ceux qui l'ont entretenue – parfois par maladresse – n'est pas une garantie de résilience : alors, le surdoué se trouve empêtré dans un sentiment de culpabilité masochiste, il continue d'être l'empêcheur de tourner en rond, celui qui interdit aux autres d'être pleinement heureux parce que lui-même est incapable de participer à leur *modus vivendi* ; en plus de sa souffrance originelle, il prend dès lors sur lui leur peine. Ensuite, comme nous le verrons dans les processus de résilience, dire sa souffrance, révéler son secret quand la douance a conduit certains membres proches à transgresser des tabous (abus sexuels, mauvais traitements, martyrisation psychologique) n'est pas sans dommages : s'il est en effet nécessaire de revivre sa souffrance pour prendre congé d'elle, il peut être dangereux d'y replonger car, alors, la victime la subit tout aussi violemment, et parfois plus encore.

Dans l'idéal, le meilleur processus de guérison devrait inclure une action sur l'entourage même de la victime. Ce sont tous les mécanismes qui ont entraîné la souffrance du patient qu'il faudrait corriger. Il serait même nécessaire d'agir sur la société et sa culture. C'est dire l'ampleur de la tâche et la difficulté du résultat.

Pour autant, et selon les méthodes que le patient aura choisies pour réparer son lien avec le monde, le clinicien aura à déceler, au cours des entretiens, et lors de la recherche de sa personnalité profonde, le potentiel créatif de l'adulte surdoué. Je l'ai dit : la douance est assortie d'une intelligence créative très développée, qui peut s'exprimer dans des champs d'expression beaucoup plus larges que celui des matières artistiques classiques – peinture, écriture, musique ou danse. Par ailleurs, avec la résilience, nous le verrons un peu plus loin, l'expression artistique offre des possibilités de rencontres fructueuses, fondées sur des affinités réelles.

Enfin, dernier constat apporté par les études menées sur la résilience : le clinicien comme l'entourage, s'ils désirent participer au processus de résilience et le soutenir, doivent inviter le patient à entrer librement dans une action qui le fera sortir de lui. Dès lors, il ne s'agit pas de prêter une oreille trop compatissante, mais de demander que la douance, source de la douleur, soit pleinement acceptée et exploitée, plutôt que vécue comme un empêchement. Il faut apprendre au patient à la considérer comme ce qu'elle est dans l'absolu : une voie vers un épanouissement. Une voie étroite, certes, mais ascendante. C'est quand l'adulte surdoué sera invité à s'accepter dans sa différence, et à accomplir ce à quoi elle le destine, qu'il pourra enfin se sentir heureux, utile, reconnu et aimé. La confiance des tuteurs sur cette voie de guérison est fondamentale – confiance dans le patient, et confiance dans le résultat.

Le secteur professionnel

Il influence la résilience selon deux dimensions : il la révèle (pour les adultes surdoués qui « réussissent » bien malgré leur profonde solitude ou leur incapacité à nouer des liens, et dont la réussite est en adéquation avec les critères généraux) ; ou bien il la consolide en apportant des éléments de stabilité relationnelle et éventuellement affective, susceptibles de favoriser le processus résilient. La réussite dans l'entreprise peut revaloriser le surdoué en souffrance, parce qu'elle donne une meilleure estime de soi.

C'est encore en travaillant sur les points forts conférés par la douance que le surdoué pourra assurer cette réussite (créativité, inventivité, esprit de synthèse), et en soignant ses points faibles, notamment l'intelligence relationnelle. Il lui faut consolider celle-ci : j'ai eu des patients qui ont couru le risque de reprendre les études qu'ils avaient abandonnées parce qu'ils s'étaient laissés enfermer dans un échec dont ils ont compris les motifs tardivement – leur douance non diagnostiquée par exemple.

Par ailleurs, il est incontestable que les adultes surdoués qui sont parvenus à dépasser leurs souffrances affectives se sont dans la grande majorité beaucoup investis dans leur travail, études ou profession. Certes, je le rappelle, cet investissement n'est pas suffisant pour réparer un lien, mais il est un des mécanismes de résilience indiscutables pour dépasser sa souffrance.

L'assistance à la résilience

L'ouvrage de Boris Cyrulnik *Un merveilleux malheur* nous donne une leçon de vie en nous enseignant la possibilité de nous en sortir face à l'adversité, au traumatisme, au stress. Le concept de résilience a démontré que l'apparition de la souffrance psychique ne constituait pas une fatalité.

Nous savons que des individus soumis à des horreurs indicibles sont parvenus à y faire face. Pour autant, et afin que les processus de résilience se mettent harmonieusement en place, il faut un accompagnement particulier. Le clinicien doit centrer l'attention et le travail de réflexion du patient sur ses ressources. Il doit valoriser ses capacités et lui apprendre à trouver comment renforcer ses compétences. Il doit lui proposer progressivement de prendre des responsabilités face à sa souffrance et imaginer avec lui des stratégies d'adaptation.

Il existe désormais une pratique clinique particulière, appelée « résilience assistée ». Contrairement à la « résilience naturelle », qui intervient sans aucune aide de la part des professionnels de la santé, la résilience assistée est fondée sur l'accompagnement des personnes en situation de risque. Cet accompagnement est différent de la prise en charge clinique habituelle, car il vise à faciliter la mise en évidence des « forces » de la personne et des facteurs de protection familiaux et environnementaux pouvant être utilisés pour diminuer ou annuler l'effet des facteurs de risque.

Il est bien évident que cette résilience assistée convient tout à fait aux processus de guérison des souffrances du surdoué. Comment le contraire serait-il possible ? « Les surdoués, ces enfants gâtés, touchés par la grâce, sont-ils, comme les autres, pourvus de cette capacité à résister, à repartir plus forts après leurs expériences douloureuses, déchirantes, voire traumatiques ? » me demandent parfois des patients. Mon expérience de clinicienne spécialisée dans la douance me permet de répondre par l'affirmative. Comme toutes les autres personnalités, certains en sont à l'évidence doués naturellement. Quant à ceux dont les blessures persistent, ils ont également tout ce qu'il faut pour, pas à pas, s'en affranchir. Ce qui leur fait défaut, c'est peut-être l'assurance que leur souffrance n'est pas une fatalité et, souvent, le bon accompagnateur pour entamer le processus.

La communauté des psychologues cliniciens et des psychiatres débat très souvent sur le thème de la résilience. Certains se montrent méfiants, d'autres enthousiastes. Pour ma part, je me situe dans le camp de ceux qui pensent que la résilience est un processus universel qui peut être stimulé, favorisé et encouragé chez chacun, et plus particulièrement chez l'adulte surdoué.

Certains de mes patients me demandent aussi s'il est possible d'évoquer la résilience dans leur cas : ce nouveau type de thérapie n'est-il pas réservé aux victimes de traumatismes profonds aussi graves qu'un viol, ou aux personnes qui ont été témoins d'événements dramatiques et insupportables les concernant directement ? La question s'est longtemps posée, mais on sait aujourd'hui, et depuis les études menées dans les années 1990, qu'on peut parler de résilience face à une adversité chronique. Quant à moi, je peux en témoigner. J'ai suivi des patients adultes en situation d'échec affectif, professionnel, qui traversaient une période de désertion sociale et qui étaient au bord de la dépression. Grâce au travail de résilience, ils ont pu renouer avec une vie normale et construire des rapports harmonieux avec leur entourage et avec le monde. Ils ont fini par résister aux expériences qui ont été stressantes pour eux et qui le sont restées, au terme d'un travail d'adaptation ingénieuse, ainsi qu'à un recours à la flexibilité et à leur grande capacité d'inventivité.

Au fond, rien d'impossible pour eux, car, comme l'a développé la psychologue américaine Ann Masten : « La résilience ne tient pas à des qualités rares et spéciales, mais à la magie quotidienne des ressources humaines ordinaires, normatives, existant dans les esprits, les cerveaux et les corps des enfants, des adultes, de leurs familles, de ceux avec qui ils entretiennent des relations et des communautés dans lesquelles ils vivent[1] ».

À partir des années 1990, les psychologues concernés ont travaillé à promouvoir, construire, stimuler, améliorer et augmenter la résilience. Ils sont parvenus à mettre au point un éventail de techniques et de programmes parfaitement adaptés aux exigences et aux contraintes d'une thérapie spécifique aux adultes soumis à des situations, des événements traumatisants, ou à des contextes d'hostilité et d'adversité. La connaissance des processus menant à la résilience, ainsi que des facteurs impliqués dans ses mécanismes, a permis de construire une authentique assistance de l'individu qui a vécu des traumatismes. Il s'agit alors, pour le clinicien, de seconder et d'accompagner le sujet dans ce processus. L'originalité de son intervention réside dans le fait de se fonder sur les forces du patient.

Contrairement à l'approche clinique traditionnelle, centrée sur les dysfonctionnements, le travail du clinicien s'appuie en effet sur les potentialités du patient. Il met l'accent sur les qualités dont j'ai parlé plus haut, et qui ont été mises en avant dans le processus de résilience. Il s'agit, nous l'avons dit, de l'imaginaire, de l'intellectualisation, de l'estime de soi, de l'humour, de l'altruisme. Parallèlement, il faut amener l'adulte surdoué à identifier les membres de son entourage qui ont été capables de maintenir avec lui des liens constructifs et empathiques. Ces personnalités

1. Ann Masten, « Ordinary Magic. Resilience Processes in Development », *American Psychologist*, mars 2001, p. 235.

d'« ancrage personnel » ou, selon Boris Cyrulnik, ces « tuteurs de résilience » joueront un rôle prépondérant dans la résilience. Le travail du clinicien est de dépister et d'évaluer ces ressources et d'orienter son patient vers elles.

Comment agit la résilience ? Dans quels domaines ? En fait, cette méthode d'« assistance » à la résilience a pour objet de développer le sentiment de confort dans les étapes de la vie courante, en améliorant la communication avec chaque membre de l'entourage. Elle recouvre l'apprentissage de stratégies de changement cognitif, ainsi que l'acquisition d'une maîtrise de soi et de la gestion de ses humeurs pour être enfin apte à résister au stress. Elle est particulièrement adaptée à l'adulte surdoué dont le développement personnel a été entravé lors de son enfance.

Cette méthode est souvent qualifiée de maïeutique. C'est-à-dire qu'elle consiste à exalter les compétences, les forces et les talents dont le patient doutait. Maïeutique parce qu'elle est à la ressemblance du travail de Socrate, lui-même fils d'une sage-femme, dont la manière philosophique mettait les esprits au monde et les amenait ainsi à découvrir des vérités qu'ils croyaient ignorer. Bien conduite, la résilience assistée permet à l'adulte surdoué, par la mise en évidence de ses immenses talents personnels, de renouer avec lui-même et de parvenir enfin à rebâtir une confiance en lui qu'il n'avait jamais pu acquérir, ou qu'il avait perdue.

5.

Renouer avec soi-même

Le dialogue intérieur

Pour renoncer à ses souffrances et guérir d'un mal-être si liberticide, il faut tout d'abord prendre ses distances avec sa douleur et tenter, avec attention et discernement, de la cerner et de la définir. Cette démarche revient à établir une sorte de carte d'état-major des batailles intérieures du patient, des guerres qu'il entend mener, en même temps qu'il devra considérer ses erreurs ou ses difficultés précédentes dans le choix des objectifs et l'évaluation de ses forces.

Ce travail exige qu'on renoue avec un authentique dialogue intérieur, pour repérer les facteurs d'aggravation des tensions. Ainsi, les injonctions reçues de l'entourage qu'on a fini par faire siennes, ou les ordres qu'on s'impose sans égard pour la réalité. Plutôt que de se dire : « Je dois réussir », ce qui induit tension et anxiété, il vaut mieux penser : « Je peux réussir. »

Il faut apprendre à s'écouter, à prendre possession de soi, s'habiter de nouveau, hors de la spirale de la souffrance, qui finit par noyer l'origine réelle de la douleur dans la liturgie de la plainte. Comme un enfant qui pleure et, au bout d'un certain temps, ne sait plus pourquoi il pleure, mais sait simplement qu'il pleure. S'écouter, « se connaître soi-même », ainsi que le préconisait Socrate comme prémices de toute démarche de sagesse, a un premier bénéfice : on fait enfin la différence entre « croire en soi » et « douter de soi ».

Pour l'adulte normal, cette remarque pourrait faire sourire. Nous ne connaissons pas, ou très peu, l'abattement, voire le désespoir, que le diagnostic de la douance provoque parfois chez l'adulte surdoué. Il a le sentiment de ne pas être à la hauteur de cette douance. Et, s'il est en situation d'échec professionnel, il a celui d'avoir démérité des aspirations de sa famille et de sa jeunesse.

Faux self, vrai self

La souffrance du surdoué naît la plupart du temps du trop grand décalage entre ce qui constitue sa personnalité profonde, que les cliniciens appellent le self, et ce qu'il a plaqué sur sa personnalité, qu'il a donc déformée, pour tenter de nouer des liens avec les autres en se conformant à ce qu'il estime être la norme. Cette personnalité d'apparat, les cliniciens la désignent comme le faux self. Lorsqu'il existe un trop grand décalage entre faux self et vrai self, l'adulte surdoué vit une véritable crise d'identité qui le conduit, de façon plus ou moins grave, à une aboulie, un état dépressif, voire une aigreur, doublée d'un sentiment d'aliénation et de claustration, qui l'empêchent de dépasser son malaise et de répondre aux influx créatifs, cet élan initial de tout l'être vers le monde.

Les témoignages que j'ai reçus des adultes surdoués

mettent tous l'accent sur cette souffrance initiale, originelle, à partir de laquelle tous les malentendus ont pu s'élaborer. Et rien ne peut être plus explicite, plus parlant, que ces constats :

> « On m'a dit que j'étais adaptable, mais au fond je ne sais plus qui je suis. »
>
> « J'étais doué pour masquer. Déjà en fin de primaire je me disais : "Mets ton masque pour les parents." Me cacher, c'était protéger l'autre. »
>
> « J'ai l'impression que j'ai toujours fait ce qu'on attendait de moi. »
>
> « Je vis peut-être à côté de ma vie depuis toujours finalement. »
>
> « J'ai l'impression de regarder ma vie depuis un nuage. »
>
> « J'ai toujours suivi le chemin qu'on m'a demandé de suivre. »
>
> « Je dépends des autres pour comprendre l'image que j'ai de moi-même. »
>
> « Jusqu'à maintenant, j'ai réussi avec les autres en mettant des filtres, puis ça a craqué. J'aimerais comprendre pourquoi je ne suis jamais naturel. »
>
> « J'ai envie de me couper des autres ; avec eux on ne peut pas être soi-même. »
>
> « Je fonctionne avec un masque qui me colle à la peau. »
>
> « J'ai longtemps été l'otage d'un rêve de moi-même. »

Je le répète : ce rapport entre le faux self et le vrai self, s'il constitue le nœud de la formation de l'identité, de la notion de soi et de l'estime de soi, est aussi celui de la douleur et de la souffrance, lorsque le patient ne parvient plus à faire la part entre le vrai et le faux, entre ce qui est l'essence de son être et le masque qu'il a plaqué sur lui. Entre sa façon de voir et de comprendre le monde, et l'impression qu'il a du mode de vie et d'entendement de son entourage :

> « Je me disais toujours : tu ne peux pas avoir raison contre tout le monde. C'est toi qui te trompes. Alors, j'ai fini par me taire systématiquement. »

Nier ce que nous sommes a des conséquences désastreuses, sur l'équilibre psychologique d'abord, sur la santé ensuite, à cause du stress que ce déni génère. Nous compromettons notre équilibre psychique et, partant, notre qualité de vie. En psychologie, la notion de *self* a construit les disciplines de psychologie analytique et de psychologie sociale. C'est en psychanalyse que cette notion a été le plus profondément étudiée, jusqu'à l'assortir de ce corollaire qu'est le faux self. Le pédopsychiatre et psychanalyste anglais Donald W. Winnicott, dans son ouvrage *Processus de maturation chez l'enfant*[1], a étudié les rapports qui unissent vrai self et faux self.

Mon premier travail de clinicienne est d'exposer précisément les ressorts de ces interactions, sans quoi la mise à distance de la souffrance, l'analyse rationnelle de leurs tenants et aboutissants, toute cette démarche préalable indispensable à la résilience est inopérable.

L'équilibre entre vrai self et faux self

Le vrai self désigne l'image que le sujet se fait de lui-même et qui correspond effectivement à ce qu'il est et à ce qu'il perçoit à travers une réaction adaptée. Il est le fruit

1. Donald W. Winnicott, *Processus de maturation chez l'enfant*, Payot, 1978.

d'une conscience de soi qui se développe, depuis la naissance et tout au long de la vie, et s'aiguise avec le temps et la capacité croissante de penser dans l'abstraction. Il est soumis aux influx émotionnels et à l'aspiration profonde à la cohérence, comme à la quête d'un sens général de sa propre vie, dont tout individu éprouve le désir et le besoin.

Selon Donald W. Winnicott, nous révélons notre « vrai soi » dans chaque geste spontané, chaque sentiment immédiat que nous ressentons et que nous exprimons. À ces moments seulement, nous faisons acte de présence réelle. Dès lors, comme le remarque Winnicott, « seul le vrai self peut être créateur ».

Ce vrai self se manifeste dès le plus jeune âge dans la maîtrise de l'environnement – ce qui procure à l'individu un sentiment de compétence indispensable à son épanouissement – et dans l'observation des autres individus auxquels l'enfant se compare, ce qui lui permet d'élaborer une estimation personnelle de ses propres capacités. Le vrai self se développe donc dans un double mouvement de miroir et d'empathie. Miroir aux yeux des parents et des éducateurs, empathie dans le désir de participer et de répondre à leurs émotions. Ce n'est que lorsque ces deux manifestations trouvent une conclusion satisfaisante que l'enfant s'accepte tel qu'il est. Sa personnalité se construit alors sur le vrai soi. Mais si elles ne rencontrent aucun écho positif, ces manifestations amènent cette personnalité défaillante à rejeter le projet de s'intégrer harmonieusement à son milieu. Accablé de honte, de détresse, parfois même de culpabilité, l'enfant se protégera derrière une autre identité, ce faux self qui le sépare du monde.

Par ailleurs, j'ai pu remarquer, lors de mes consultations, combien la comparaison avec les autres et le ressenti de leurs regards étaient, pour les adultes surdoués en souffrance, bien plus importants que leur habileté à maîtriser leur environnement. Même s'il est plus efficace, s'il résout les problèmes plus rapidement que la moyenne, l'enfant n'est pas rassuré par cette « supériorité » quand celle-ci ne rencontre pas l'approbation des autres. À ses yeux, elle ne compense jamais ses difficultés à se sentir en empathie avec son entourage. Confronté à une critique constante et à l'incapacité de répondre de façon satisfaisante aux demandes parentales, tout être humain normal met en doute ses capacités personnelles. Dans une sorte de réflexe inconscient, il étouffe son self, pourtant son seul recours pour corriger ce décalage entre lui et la réalité. Ce phénomène universel est d'autant plus grave chez l'adulte surdoué, pour qui l'activité créatrice, qui dépend exclusivement du vrai self, est un facteur essentiel dans le développement harmonieux de sa personnalité et dans son inscription fructueuse dans le tissu social. Je le souligne : chez l'adulte surdoué, l'étouffement du self a des conséquences beaucoup plus problématiques que chez un individu d'efficience intellectuelle normale.

Le faux self recouvre la personne réelle pour l'adapter à une contrainte à laquelle elle n'a pas trouvé de réponse satisfaisante. Le faux self astreint l'individu à se conformer au mieux à l'image attendue par le groupe et au rôle que ce groupe lui impose. La construction d'un faux self est indispensable à la vie en société. Tout être humain en élabore un au cours de sa croissance et dans son éducation. Il lui est imposé par sa mère, à petites touches, dans une construction graduelle qui correspond à l'apprentissage des règles de la bonne éducation. L'individu y a recours dans le groupe, pour se protéger des agressions dont il pourrait, enfant puis adulte, être la victime, en raison de sa singularité. Nous vivons en société, et la société ne permet pas toujours au vrai self de s'exprimer dans toute sa radicalité. Il faut faire preuve parfois d'un minimum de diplomatie, que certains préfèrent appeler hypocrisie, pour ne pas enrayer les rouages de la vie en communauté et de ses règles, auxquelles personne ne peut échapper. Tout l'équilibre d'une bonne éducation consiste à proposer l'usage du faux self sans qu'il détruise l'initiative privée, l'originalité d'expression, l'élan vers l'autre que dicte le vrai self. Les psychanalystes et les psychologues ont d'ailleurs mis en évidence l'origine d'un grand nombre de perversions et de névroses dans une disproportion entre ces deux « moi », le vrai et le faux.

Idéalement, les deux doivent se combiner pour que l'individu trouve une place satisfaisante dans la société, en lui assurant un plein épanouissement à la fois social et affectif. Le vrai self exprime et développe le potentiel inné de l'individu, le faux self assure sa protection contre les agressions dont il pourrait être victime s'il exprimait en toute vérité son vrai self.

À l'opposé de cet idéal, le faux self occulte tous les territoires d'expression du vrai self, au point que l'individu lui-même se perd. Il se cache depuis si longtemps qu'il ne s'habite plus. Un tel décalage entre la réalité de l'être et son apparence provoque chez l'entourage un malaise profond. Sans qu'ils parviennent à en comprendre les raisons, les membres de l'entourage ressentent intuitivement ce qu'il y a de faux chez cette personne. Le malaise qu'ils éprouvent les pousse à s'écarter de lui. La solitude et le sentiment d'être mal aimé provoquent un recours plus grand encore au faux self. Et plus rien ne vient rompre la logique de ce cercle vicieux.

Ce modèle de formation de l'identité, dans une balance constructive entre vrai et faux selfs, ne fonctionne pas pour l'individu surdoué. Ou, plutôt, il est inopérant. La singularité du surdoué est telle, ses façons de voir, de penser, de réfléchir et de réagir aux stimuli du monde sont tellement *à part*, déconnectées de celles de M. Toulemonde, qu'il ne peut y avoir d'équilibre entre le self perçu comme « a- normal » par le groupe – et souvent aux yeux des parents cette anormalité est source d'inquiétude et de tentatives de normalisation – et le faux self qui devient vite le masque choisi pour se protéger. La plupart du temps, ce masque finit par remplacer le visage, et le faux self par étouffer la vraie personnalité, perçue comme source d'angoisse pour les parents, et objet de défiance, voire de répulsion pour l'environnement.

Le psychiatre Winnicott met l'accent sur le fait que, chez les surdoués, l'esprit est le siège du faux self. En effet, chez l'individu surefficient, le double principe du miroir et de l'empathie, qui préside au développement de la personnalité et à la définition de l'identité chez chacun, joue bien souvent avec difficulté. Le subtil et singulier cocktail de caractères qui définit l'adulte surdoué, ses vulnérabilités et ses forces, chez lui particulièrement contrastées, illustre remarquablement ce que Freud appelle la « bigarrure » de la psyché humaine. L'individu surdoué est trop intelligent pour ignorer sa différence, si grande qu'elle lui interdit de trouver dans le commun des mortels un reflet de ses caractéristiques intellectuelles. Lorsque l'élan naturel, la confiance naturelle qui sont les siens l'entraînent à donner libre cours à l'expression de son être véritable, sa puissante originalité effraie le groupe qui lui renvoie une réponse négative.

L'enfant, puis l'adolescent surdoué, s'applique dès lors à développer un faux self pour tenter d'être accepté par le groupe, malgré sa personnalité inquiétante, déstabilisante et antipathique aux yeux de ses proches et de la société. La réussite – scolaire et professionnelle – devient un refuge pour lui, certain de la satisfaction de sa famille s'il répond au moins à cette attente. Elle lui assure aussi les applaudissements. Mais cet adulte est-il plus chéri pour autant ? Est-il plus sincèrement aimé ?

> « Tout ce que je voulais, c'est qu'on m'aime », m'a lancé, en larmes, François, dans ce chemin qu'il avait entrepris, pas à pas, pour comprendre comment il s'était retrouvé dans l'état de solitude qui lui donnait envie de mourir.

« J'aimerais être aimé pour moi-même » : combien de fois ai-je entendu ces mots dans mon cabinet ! Ces mots, qui résument avec pudeur des années de spoliation, trahissent l'acuité avec laquelle le surdoué comprend et traduit le décalage entre ce qu'il est et ce qu'il donne à voir et à entendre de lui-même. Il sait que sa figure publique est déconnectée de son être véritable, et que c'est précisément son entourage, celui dont il attend tellement d'amour, qui l'a poussé à ce hiatus. Surtout, elle révèle le doute profond que l'adulte surdoué nourrit à l'égard de ce vrai moi. Parfois même, on peut parler de haine, puisque l'adulte surdoué rend responsable cette personnalité tout à fait incomprise de la méfiance, voire de la détestation, qu'il suscite.

Les mécanismes de défense

L'aide du clinicien est prépondérante pour déterminer, dans l'initiation du dialogue intérieur chez le surdoué, quelle attitude a provoqué la perte de contact avec ce moi originel et les souffrances qu'elle a induites. La plupart des adultes surdoués se rappellent douloureusement les injonctions parentales de leur enfance, bientôt suivies de celles des professeurs : « Tu dois » ou « Tu ne dois pas » ; « Qu'est-ce qui ne va pas avec toi ? » ; « Pourquoi ne fais-tu rien comme les autres ? » ; « On dirait que tu fais exprès de me contrarier ». C'est en réponse à ces ordres et à ces balises que, jour après jour, l'individu surdoué enfouit son vrai self sous un faux self, pour mettre en place des mécanismes de défense qui le protègent de ces « agressions ».

Les psychologues et les psychiatres ont répertorié quatre types de protection dictés par le faux self. Ces mécanismes, que Freud a analysés pour la première fois en 1894 dans un article intitulé « Les psychonévroses de défense », et que sa fille Anna a exploités dans son ouvrage *Le Moi et les Mécanismes de défense* paru en 1936, ont d'autant plus mérité l'intérêt qu'on leur porte aujourd'hui qu'ils restent du domaine de l'inconscient. Toutes les études entreprises à partir des travaux de Freud soulignent qu'aucun individu, surdoué ou pas, n'est capable de déterminer quels moyens défensifs il met en œuvre pour s'adapter aux situations qu'il rencontre, ni si ces mécanismes répondent de façon satisfaisante aux situations en jeu.

Quels sont ces mécanismes ?

Le premier type de mécanisme de défense, chez l'adulte surdoué effrayé par sa différence, consiste à cultiver sciemment un faux self, choisi dans une batterie de modèles qu'il détecte dans son environnement, et qui lui semblent être la clé pour atteindre un consensus général. Il se conforme alors à une personnalité virtuelle, qu'il invente au fur et à mesure des exigences des milieux dans lesquels il pénètre, et avec un taux de réussite maximal puisque son immense empathie naturelle, son intelligence supérieure et sa vivacité de pensée lui permettent d'épouser totalement cet avatar. Il est l'enfant modèle, l'écolier parfait, l'étudiant studieux et, souvent, s'il parvient à étouffer entièrement son ego et son moi, le camarade idéal. Il catalyse ses talents pour développer son imitation en focalisant son attention sur les désirs mimétiques chers au philosophe René Girard : il convoite ce que possèdent les personnalités qui incarnent à ses yeux la réussite telle qu'on la lui présente, et il s'applique à l'obtenir. Mais, si prestigieuse soit la place acquise, si brillant soit le costume enfilé pour y parvenir, ce ne sont que des poses, des habits d'apparat. Aucune de ses réussites ne lui procure réellement une satisfaction, ni ne contribue à construire une estime de lui-même.

Heureusement pour son vrai self, il advient qu'un événement réveille un désir originel, une aspiration propre à la personnalité profonde. Une fenêtre s'ouvre sur un monde ignoré et interdit jusque-là, mais qui procure un bonheur si intense qu'on ne peut y résister – à la façon d'un individu qui brise toute sa vie sous le coup d'une passion. Mais, au contraire de la passion amoureuse, où l'objet du désir et l'action entreprise pour le satisfaire sont clairement identifiés, l'irruption du vrai moi dans une vie entièrement contrôlée depuis toujours peut être vécue dramatiquement. Le surdoué est perdu. Comment se retrouver ? Qu'est-ce qui gouverne vraiment sa conduite ? Quelle part de son identité est authentique ? Avec quoi doit-il prendre ses distances, et avec qui peut-il rompre ? D'où lui vient cette souffrance mêlée de plaisir chaque fois qu'il entend du classique s'il a étouffé ses dons de musicien, chaque fois qu'il feuillette un beau livre de peinture s'il a voulu être peintre ?

Comme ce patient, amoureux des mathématiques et sagement entré dans la banque, qui est sorti bouleversé d'une exposition au Bourget parce qu'il avait toujours rêvé d'être pilote d'essai et de construire des prototypes d'avions.

Comme Diane, quarante-cinq ans de bons et loyaux services, qui s'est exclamée lorsqu'elle a compris l'origine de sa souffrance : « J'ai eu tellement peur de ce qu'on penserait de moi, tellement peur d'être rejetée, que j'ai fini par me rejeter moi-même. Quel temps perdu à me nier ou à m'accuser ! »

Le deuxième mécanisme de défense, fréquent chez les surdoués, c'est la négation ou le blocage des talents. Ce mécanisme est encouragé par les résultats qu'il obtient : plus le surdoué adopte un profil bas, plus l'approbation du groupe est grande. Il a fallu des mois et des années pour mettre ces blocages en place, et d'une façon si subtile et si progressive que le surdoué, parvenu à l'âge adulte, est persuadé qu'il lui est impossible de tendre l'oreille aux désirs de son vrai moi et de les satisfaire. Là encore, le clinicien devra se faire le porte-voix de cette voix intime, qui a été réprimée, voire raillée depuis l'enfance. « Toi, écrivain ? » « Toi, ingénieur en aéronautique ? » raille la voix « de la raison », relayée depuis des années par l'entourage, comme pour dire : « Pour qui te prends-tu ? »

Lorsque le besoin d'exprimer son don est le plus fort, lorsque, malgré les blocages ordonnés par son faux self, le surdoué le met en œuvre, heureux de le partager et d'en découvrir l'ampleur, lorsqu'il en a compris l'exception, le surdoué risque d'être amené à masquer son talent, ou à se l'interdire, parce qu'il se sent coupable de bénéficier d'une supériorité dans ses aptitudes. Il a le sentiment qu'il vole son don aux autres. Or rien n'est plus liberticide que le sentiment de culpabilité. Là encore, il convient de souligner la différence entre le surdoué et l'individu normal : la culpabilité de M. Toulemonde naît de ses mauvaises actions, celle du surdoué de sa différence. Il lui faudra donc écouter attentivement qui lui dicte cette culpabilité – du vrai self ou du faux self – et sur quoi elle repose vraiment : une responsabilité imaginaire ou une responsabilité réelle dans les événements qui la nourrissent ?

Le troisième type de protection que le faux self met en œuvre est l'interdiction de toute prise de risque. En prenant le risque de déployer ses talents, d'exprimer au grand jour sa différence, le surdoué s'expose à l'échec et, dès lors, aux railleries de l'entourage et à une souffrance profonde. Car souvent le surdoué, quelles que soient ses formidables aptitudes intellectuelles, est mal préparé pour franchir des épreuves universitaires conçues pour M. Toulemonde. S'il a laissé son vrai self imposer son désir contre l'avis des parents et des professeurs, il laissera son faux self reprendre le dessus en cas d'échec, avec d'autant plus de détermination que l'échec est l'occasion pour l'entourage de faire acte d'autorité : « On te l'avait bien dit. » L'échec devient un levier de pouvoir de l'entourage sur le surdoué. Il lui est rappelé lors des tentatives suivantes. Et même si la plupart des moqueries sont faites sur le mode affectueux, la souffrance est bien là, née d'un mélange de doute et d'humiliation, et si forte qu'elle ordonne de renoncer à toute nouvelle aventure personnelle. Le faux self devient alors, et à la fois, le juge, le juré et le bourreau, déterminés à exercer leur pouvoir d'empêchement.

Or, s'il est facteur d'anxiété, le risque est source d'énergie créatrice et d'estime de soi. Il est l'expression de la liberté, par excellence. Chez le surdoué, la prise de risque, si elle se conclut par une réussite éclatante, révélera la douance, et partant ses conséquences redoutées de mise au ban et de solitude. Entre la peur de «passer à côté de sa vie» et la peur de déplaire et de n'être pas aimé comme il est et pour ce qu'il est, le surdoué choisit le danger qui lui semble le moindre : renier son vrai self et ses talents.

Prendre un risque, c'est bien sûr apprendre à gérer l'inconnu, à savoir évaluer les dangers au regard de ses talents propres et de ses attentes. Là encore, il faut que le surdoué apprenne à renouer un dialogue avec son être profond pour qu'émerge enfin son identité véritable, débarrassée des distorsions que lui a infligées, au cours des années, le faux self. C'est un long travail qui commencera, sur la voie fragile entre ces deux vérités : ce n'est pas parce qu'on se sent différent qu'on va échouer et ce n'est pas parce qu'on est surdoué qu'une épreuve ne nous résistera pas. Gérer l'inconnu, c'est aussi analyser les raisons profondes de son refus du risque, et chercher à comprendre si sa souffrance est totalement, ou en partie seulement, liée à cette aboulie. Il s'agit d'un travail personnel, minutieux, et qui exige ce qui manque le plus souvent au surdoué doté de ce faux self : la capacité à accepter de prendre le risque de ce rendez-vous avec lui-même.

Le quatrième type de protection mis en place par le faux self est la focalisation des paroles et des actions de l'individu surdoué sur les attentes de l'entourage, afin de les devancer et, ainsi, d'attirer sur lui les louanges et l'affection. Il s'agit d'une protection extrêmement dangereuse pour le surdoué, car elle présuppose une dépense d'énergie folle et des concessions sans fin, qui entament gravement l'estime de soi, voire le désir d'apprendre à se connaître en vérité, et qui exigera par la suite un recentrage minutieux sur ses désirs propres et sur ses attentes. Le faux self qui se développe à partir de ce mécanisme est sans conteste le plus éloigné des aspirations du vrai self. Les canaux d'expression du vrai self sont si faibles que sa parole est devenue presque inaudible au cours des années. C'est sans doute le cas de figure où la restauration d'un dialogue avec soi-même sera le plus problématique, car la satisfaction exprimée par l'entourage étouffe toute velléité de retour vers soi.

En effet, au cours des années, le surdoué qui a mis ce type de protection en place l'a fait parce qu'il a jugé que son vrai self était une entrave à l'affection des autres et à son intégration familiale, scolaire et professionnelle. Ses tentatives de réappropriation d'un espace qui lui soit propre se sont fréquemment assorties d'un chantage affectif général, très douloureux lorsqu'il a voulu y résister. N'oublions pas que le surdoué est un écorché vif, surexposé et hypersensible aux critiques de son entourage. Le danger pour lui est le même, que sa douance ait été diagnostiquée très tôt – et il faut répondre aux attentes parentales que le diagnostic fait naître et copier l'image fantasmée du surdoué qu'ils projettent sur lui – ou qu'elle ne l'ait pas été ou alors très tard – et il faut éteindre les peurs que son inexplicable différence suscite. Ce danger, c'est de s'étioler, tout en vivant dans la terreur soit de décevoir son entourage, soit d'être incompris et ostracisé.

Le plus souvent, c'est l'irruption d'un état dépressif qui révèle l'incompatibilité devenue irrémédiable entre vrai et faux self. Un sentiment de vide, de tristesse, d'absence.

Une insensibilité de plus en plus accentuée à ce qui rendait heureux – la réussite professionnelle et matérielle dans une voie qui n'était pas la sienne, les applaudissements du cercle affectif. Un désintérêt qui se commue en répulsion pour ses activités, et qui souvent est confondu avec un *burn-out*. Un terrible sentiment de culpabilité à se plaindre de ce que tout le monde envie. Autant dire, une souffrance profonde et récurrente qui peut aller jusqu'à l'autodestruction, manifestée par des affections psychosomatiques ou des névroses, et une souffrance que les injonctions du faux self ne matent plus. Il faut alors opérer un vaste retour sur sa vie affective et professionnelle pour repérer ce qui, dans ses constructions, relève du désir personnel ou du contrat affectif, passé pour faire plaisir. Ce travail ne peut avoir lieu qu'une fois que le vrai self a pu reprendre la parole, que ses canaux d'expression sont enfin ouverts et que le patient réussit à différencier ce qui revient au vrai self et ce qui ressort du faux self.

Trouver les ressources et la méthode

« De même qu'une maladie commence bien avant d'avoir des symptômes repérables, une destinée humaine n'attend nullement, pour débuter, d'être un événement visible. Le destin règne toujours longtemps à l'intérieur de nous, dans notre esprit et notre sang, avant de toucher notre âme du dehors. Se connaître soi-même, c'est déjà se défendre, et le plus souvent en vain », écrit Stefan Zweig dans *Naufrage d'un cœur*. En vain, vraiment ? La révolution que la résilience assistée a apportée dans le travail d'analyse permet aujourd'hui au clinicien de proposer des pare-feu pour entamer une restauration du vrai self, tout en le protégeant.

Pour cela, on revient à la règle de base, prémices de toute démarche philosophique et psychologique : se connaître soi-même pour refaire à l'envers ce chemin intérieur et mystérieux que le destin creuse « en nous ».

Se connaître soi-même, c'est chercher la réponse à cette question, que peu osent se poser : « Qui suis-je *vraiment*, au-delà de toute représentation sociale ? » Se connaître est le centre du système de référence pour tout autre type d'intelligence. Mieux vous vous connaîtrez, plus vous vivrez et travaillerez avec authenticité et autorité. Le socle, c'est donc de s'accepter, et d'apprendre à vivre avec soi et à s'aimer. « S'aimer soi-même, c'est se lancer dans une belle histoire d'amour qui durera toute la vie », préconisait Oscar Wilde.

Plus nous nous acceptons, plus il est facile de reconnaître nos forces, d'apprécier nos réussites, de faire face aux épreuves, d'être ouvert à autrui, d'acquiescer quand on nous offre de l'aide. Le premier avantage à s'accepter, c'est que les choses deviennent beaucoup plus faciles, alors que l'absence d'acceptation de soi est à la source de luttes et de résistances sans fin, de dysharmonies qui engageront des efforts toujours plus grands.

Pour autant, il ne faut pas nier l'étendue de la tâche. Renouer avec son soi authentique demande qu'on sache analyser objectivement sa propre image. Or celle-ci est composée d'une foule de jugements énoncés depuis l'enfance, qui se sont empilés comme autant de strates au fur et à mesure des années, et qui ont fabriqué en interne d'autres jugements – de notre part, et des autres. Cette image que nous renvoyons et à laquelle, d'année en année, nous avons fini par adhérer est une image apprise. Nous la croyons vraie, et nous l'acceptons comme telle, alors qu'elle peut n'avoir que très peu de liens avec le « soi inconditionnel », qui contient notre potentiel initial et notre essence spirituelle.

Redécouvrir ce soi inconditionnel nécessite un large dépassement de l'image de soi, selon la définition même qu'a posée l'immense philosophe Emmanuel Kant – qui était sans conteste, comme tout son parcours l'indique, un surdoué. « Nous percevons les choses non tant en ce qu'elles sont mais en ce que nous sommes », a-t-il écrit. Et c'est cela même : notre propre image est la lentille à travers laquelle nous voyons le monde. L'image que nous avons de nous-même influence la façon dont nous entrons en relation et dont nous communiquons avec les autres. Quant aux relations que nous avons entretenues avec notre entourage, elles sont des extensions des relations que nous avons avec nous-même.

Il faut donc passer par une étape dont nul ne peut faire l'économie, celle de la conscience de soi, qui amène l'adulte surdoué à réfléchir à son irréductible différence. Comment se manifeste-t-elle ? Sur quel terrain ? Quel moment, quel événement exalte ce sentiment de se sentir un *alien* ?

Je le précise d'emblée : ce travail d'analyse exige une méthode. Après avoir déterminé, encore une fois avec l'aide d'un clinicien (nous verrons un peu plus loin combien elle est un garde-fou lors de certaines étapes de cette introspection), quel type de faux self il a mis en place, l'adulte surdoué doit passer au crible ses émotions pour les définir avec son ressenti originel, c'est-à-dire au-delà des lieux communs et du prêt-à-penser qui ont été ses codes de compréhension du monde des gens « normaux ».

La finalité de l'étude de ses propres émotions est d'en faire des atouts, pour éviter qu'elles le submergent sans qu'il comprenne bien pourquoi, qu'elles le paralysent ou qu'elles dévient son jugement. C'est faire en sorte qu'elles établissent un rapport fructueux entre lui et le monde, et l'amènent à l'érotiser, plutôt que le terrasser et l'obliger à recourir à son faux self.

Pour les psychologues, notamment l'Américain Paul Ekman, il existe quatre émotions de base : la colère, la peur, la joie et la tristesse. Du point de vue des neuroscientifiques comme Antonio Damasio, il y aurait interdépendance des processus émotionnels, cognitifs et physiologiques. D'après ce dernier, professeur en neurosciences et en psychologie, directeur de l'Institut pour l'Étude Neurologique de l'Émotion et de la Créativité à l'université de Californie du Sud, « sans émotion, l'homme ne peut pas vivre en société ». Damasio est parvenu à ce constat après une série d'expérimentations cliniques. C'est ainsi qu'il a avancé l'hypothèse des « marqueurs somatiques[1] » : il y aurait seulement deux mécanismes, agissant seuls ou de manière combinée, qui seraient à l'œuvre dans nos comportements et nos prises de décision : la raison, d'une part, qui s'élabore à partir des connaissances et de la logique et, d'autre part, un autre mécanisme par lequel l'émotion simplifierait, tout en influant sur lui, le travail opéré par la raison.

Par ailleurs, la confrontation entre les études des psychologues et celles des neuroscientifiques a mis en évidence que les quatre émotions basiques qui président à nos humeurs sont toutes des émotions positives, indispensables à notre survie. Jusque-là, seule la joie était considérée

1. Antonio DAMASIO, *L'Erreur de Descartes*, Odile Jacob, 1995.

comme une émotion positive. Or elles le sont toutes, chacune à leur manière :

- la joie donne du sens à la vie ;
- la colère permet de s'affirmer et d'exister face aux autres ;
- la tristesse permet d'accepter les changements auxquels notre vie est soumise ;
- la peur nous permet d'évaluer les risques et de nous protéger des dangers physiques.

Il s'agit, bien évidemment, d'une conception des émotions tout à fait nouvelle, qui n'a pas été prise en compte dans nos conditionnements. Ainsi, nous laissons la peur prendre la place de la colère dans la majorité des conflits d'autorité. Au lieu de montrer les dents pour interdire toute intrusion dans notre espace personnel, ou pour signifier que l'ordre reçu dépasse les prérogatives de celui qui le donne, nous nous soumettons, mus par la crainte de perdre notre poste, ou l'affection d'un proche, ou notre place dans le groupe. Or rien n'est plus sclérosant que la peur, qui anesthésie tout désir de vivre, toute estime de soi, toute initiative créatrice. La peur est l'atout du faux self. Elle assure son retour en force aux moindres turbulences. Elle répète nos conditionnements d'enfant face à l'autorité, et nous pousse à projeter les figures parentales sur les supérieurs hiérarchiques ou sur ceux dont on veut s'attacher l'affection. Exprimée sur un terrain qui n'est pas le sien, la peur empêche l'individu, et particulièrement l'adulte surdoué, d'exprimer l'originalité de son expression et d'épouser avec enthousiasme qui il est *en vérité*. Au lieu de le protéger, elle le détruit.

La tristesse se substitue elle aussi à la colère salvatrice

– plutôt que le refus d'une situation objectivement inacceptable, elle manifeste l'acceptation de cette situation et le regret mélancolique d'en être la victime. La tristesse est la marque de la soumission consentie, en lieu et place de la résistance qu'appelle la colère, que les abus justifient.

Les hommes, par un mécanisme inverse, choisissent souvent la colère plutôt que la tristesse pour répondre à un changement inéluctable et naturel, dont ils ne peuvent pas trouver le responsable et contre lequel ils ne peuvent plus rien – disparition d'un être cher, entrée dans l'âge de la retraite. Or accepter ces changements et ces deuils en se laissant submerger par une tristesse légitime aide à les dépasser. Seule la tristesse permet d'entrer dans une nouvelle phase de sa vie, de déposer les armes et de renoncer à une révolte destructrice. La tristesse est le signe qu'on « fait son deuil », selon l'expression consacrée.

Il va de soi que si chacun s'était construit sur une solide confiance en lui-même, s'il avait exprimé ses émotions comme il se doit, en donnant une juste réponse à l'entourage sur ce qu'il éprouve légitimement, avec son vrai self – joie face au bonheur, colère face à l'injustice, tristesse face au deuil et peur face au danger physique –, il serait tout à fait compris et respecté ; il gagnerait sa propre estime, il accepterait de prendre la pleine responsabilité de ses actes. C'est cette analyse à laquelle doit s'astreindre l'adulte surdoué pour se débarrasser de ses souffrances et de son sentiment d'échec. Sans définir ses émotions ni comprendre à quoi elles lui servent, il ne pourra pas avancer sur le chemin de la résilience, ni apprendre à réguler ses affects.

Après avoir compris le fondement de ses émotions, après les avoir clairement définies, l'adulte surdoué pourra amorcer le travail de prise de conscience de ses réactions émotionnelles. Pour ce faire, avec une minutieuse attention, et un effort de mise à distance, il faudra qu'il s'écoute et s'entende, mais aussi qu'il se regarde et se voie, pour apprendre à résister aux réflexes conditionnés dictés par le faux soi. Il faudra qu'il garde à l'esprit cette découverte des neurosciences : chaque fois qu'il résistera à ces réponses-réflexes, qu'elles soient physiques, intellectuelles ou émotionnelles, il créera dans son cerveau un autre chemin synaptique qui installera un autre réflexe, un autre conditionnement, positif celui-là et consciemment construit. Tel est le chemin de liberté : choisir en toute conscience de soi ses réponses, et non suivre aveuglément les schémas dictés par son éducation. Les réponses et les sentiments sont alors en adéquation avec ce qu'on attend et ce qu'on ressent, avec la vérité de son expérience. C'est ainsi que les sources de la souffrance et des ressentiments s'éteindront, et que le surdoué acceptera d'assumer ses choix, plutôt que de chercher un bouc émissaire, de s'enfermer dans sa douleur ou de rejeter la responsabilité de ses erreurs sur les autres. En recouvrant la maîtrise de sa vie, en interdisant à quiconque d'en prendre le contrôle, l'adulte surdoué regagnera au premier chef l'estime de lui-même. Il gagnera un juste équilibre entre le besoin de s'affirmer et le besoin d'être approuvé.

Repérer ce qui a aggravé sa souffrance

Le mal-être des surdoués repose souvent sur un certain nombre d'erreurs d'appréciation qui compliquent leurs relations avec eux-mêmes et avec le monde. Loin de vouloir faire des généralités, surtout à l'égard de personnalités aussi singulières que les adultes surdoués, il est néanmoins possible d'établir un panorama de ces « faux pas », à garder en tête pour ne pas toujours sombrer dans les mêmes erreurs et les mêmes douleurs, ou plutôt une sorte de charte, comme autant de règles auxquelles s'astreindre :

• En premier lieu, on l'a dit, s'accepter, et accepter sa différence. Bien sûr, cette attitude présuppose qu'on ait eu l'occasion d'être diagnostiqué. Mais déjà, en acceptant le fait qu'il peut être différent, en s'autorisant des divergences de vue par rapport à l'entourage, l'adulte surdoué sera conduit à poser la question de la nature de sa différence. C'est d'ailleurs cette question, assortie d'un trop-plein de souffrance, qui le conduit la plupart du temps à consulter.

• Renoncer à vouloir ressembler aux autres. Accepter sa différence, c'est comprendre que les codes de lecture et les méthodes de réussite qui satisfont M. Toulemonde sont inopérants avec soi-même. Dans le même esprit, il faut aussi renoncer à s'appliquer les recettes de bonheur plébiscitées par la majorité.

• S'accepter implique qu'on renonce au recours au bouc émissaire et à la culpabilité masochiste. Ni l'autre ni soi-même ne sont jamais entièrement responsables d'une souffrance.

• Considérer que si elle est source de souffrance et d'incompréhension, la douance est aussi une jouvence, une formidable source de possibles, de joie et de créativité. Il faut apprendre à ne l'aborder que par sa face solaire, la voir comme une élection, mais qui se gagne.

• Dès lors, il faut résister à la tentation de ne plus faire aucun effort. La douance ne peut pas être un alibi pour ne plus tenter d'aller vers les autres, pour s'abstenir de s'ouvrir au monde et de prendre des risques affectifs et professionnels. Elle n'offre pas une carte de crédit pour se payer sans efforts les objets convoités. Elle n'ouvre aucun droit, sauf peut-être celui de la mériter.

• Il faut prendre conscience que ni le constat ni l'acceptation de sa différence ne suffisent à rendre heureux, pas plus qu'ils n'aident à trouver sa place dans la société. Il faut développer une stratégie pour créer son espace personnel, inventer une nouvelle méthode de communication avec le monde.

• Il faut donc être doublement attentif et apprendre à voir le monde avec ses yeux neufs – les yeux de son vrai self. Il faut que l'adulte surdoué renverse les perspectives et se dise que ce sont les autres qui sont différents de lui. À partir de là, chercher à comprendre ce qui, chez lui, peut les troubler, les perturber ou les choquer et consacrer du temps à arrondir les angles.

• Convaincu de sa douance, et résilient, l'adulte surdoué doit résister à la tentation de se mettre en compétition avec les autres, de les écraser pour venger des années de souffrance et de renoncement. Ni comparaison ni compétition avec l'entourage n'apporteront le bonheur ou la sérénité, et encore moins un quelconque épanouissement.

• L'adulte surdoué est un individu passionné et, par définition, impatient. Il est exigeant quant aux résultats. La résilience et la recherche de son style personnel demandent du temps. La maîtrise de sa vraie personnalité s'acquiert pas à pas. Il lui faut apprendre à juguler son impatience et ne pas sombrer dans le découragement – une tendance chez les surdoués – lorsque l'épreuve est longue.

• Il faut mettre à plat les impératifs de réussite édictés par la société et s'interroger sur leur adéquation avec les siens :

« ce que j'ai toujours voulu parce que tout le monde le veut, est-ce ce qui me convient vraiment ? » Établir une liste de ses manques, des besoins de son âme qu'on n'a toujours pas pu satisfaire.

• Enfin, au terme de ce travail d'introspection, de démêlage des fils du vrai et du faux qui constituent le tricot de notre personnalité cher à Boris Cyrulnik, il reste à réfléchir et à définir ses attentes réelles…

Accepter de revivre sa souffrance pour la dépasser

L'adulte surdoué est un être très particulier qui vit chaque événement de sa vie avec une très forte intensité sans toujours bien comprendre à laquelle des quatre catégories de sentiments que nous avons évoquées il doit se référer. Il ressemble à une plaque photographique que la lumière la plus ténue surexpose. Dès lors, au moindre événement un peu particulier, qui choque ou bouleverse sa sensibilité, le désarroi et la souffrance impriment sa mémoire un peu plus rudement encore.

Quelque chose de sa souffrance s'ancre durablement et, par un mécanisme psychologique classique, l'adulte surdoué aura tendance à répéter les circonstances qui l'ont fait souffrir. « Dans toutes les manifestations de la répétition, il y a, chaque fois, l'espoir de transformer ce qui s'est passé et de se transformer, soi », a écrit le psychanalyste Jacques André dans son ouvrage *Les Travaux forcés de la répétition* [1]. Et de conclure que, pour dépasser un événement, il faut rester proche de ce qui a été vécu. Il faut bien évi-

1. Jacques André, *Les Travaux forcés de la répétition*, PUF, 2015.

demment garder à l'esprit qu'il peut y avoir une complaisance dans la souffrance. C'est le cas chez un grand nombre d'adultes surdoués, sans qu'ils en soient par ailleurs véritablement conscients, « car c'est une remarquable invention humaine que de savoir érotiser la douleur », note encore Jacques André. Or, chaque fois que celui qui souffre répète ce qui le fait souffrir, il est partagé entre deux sentiments : l'accablement de se croire déterminé par sa souffrance et, en même temps, le désir de se défaire des causes de cette souffrance, afin de répondre au besoin vital de s'en libérer.

L'adulte surdoué ressent un plaisir à comprendre les choses, et la tentative de saisir les raisons de sa souffrance n'échappe pas à cette recherche minutieuse, qui est sa marque. Il est, plus que quiconque, capable d'inventer de nouvelles perspectives pour inspecter ce qui ne cesse pas de le faire souffrir. Dès qu'il accepte de revivre sa souffrance au lieu de l'enfouir, ou bien de s'y réfugier sans en chercher les causes, il franchit un grand pas car, dans sa démarche, il opère une prise de conscience très fructueuse pour sa résilience. Qu'est-ce à dire ? Toute prise de conscience correspond à un moment d'extension de soi et ouvre plus largement le champ de ce que nous apprenons de nous-même, que nous méconnaissions jusque-là. C'est plus encore le cas pour l'adulte surdoué. Mais cet acquis, cette conscience de soi, s'exprime par des positions purement intellectuelles. Comprendre les liaisons et les enchaînements de sa souffrance ne modifie pas son état de fait : nous pouvons suivre l'enchaînement précis depuis les causes de notre souffrance jusqu'à ses résultats sans la supprimer pour autant, soit parce que nous n'en avons pas les armes, soit parce que cette lucidité procure le sentiment de tout maîtriser et, alors, l'alibi pour ne rien entreprendre.

« Je comprends tout ce qui m'arrive mais ça ne changera jamais », me dit Pierre, qui n'était venu me voir que pour exposer sa souffrance comme une œuvre d'art, sans intention aucune de l'éradiquer.

Loin du plaisir sado-narcissique de se maintenir dans sa souffrance, il y a aussi, chez l'adulte surdoué, la crainte réelle – et qu'il ne faut surtout pas minimiser – d'avoir à affronter ce qui le fait souffrir, parce que sa différence l'a dépourvu des clés pour comprendre ce qui anime les autres. Le clinicien doit dès lors expliquer à son patient que le fait de comprendre ce qui est le nœud originel de sa souffrance ne suffit pas pour le défaire ni pour en sortir. Il faut l'affronter et, d'une certaine manière, la revivre pour en épuiser les poisons.

Il faut tout d'abord pointer les mécanismes qui souterrainement ont anesthésié le désir de vivre et de s'aimer tel qu'on est, pour plaire et se faire accepter par le groupe. Nous sommes là, véritablement, dans le principe de l'analyse. Pour parvenir à la résilience, il faut cerner ce qui entretient la souffrance et la répète, en revivre les sources. Ainsi, la souffrance née du sentiment d'être incompris, mal aimé, voire rejeté du groupe, comme celle de savoir qu'on passe à côté de sa propre vie, se nourrit de répétitions – les mêmes causes produisant les mêmes effets. C'est en acceptant de les revivre volontairement, consciemment, qu'on reconnaîtra les éléments déclencheurs et la nature exacte de la souffrance, et alors, le problème repéré, qu'on pourra échapper à sa répétition en changeant de mécanisme de défense.

De là, encore, le recours indispensable à un psychologue, car, pour sortir de sa souffrance, il faut que quelqu'un ou quelque chose réincarne ce qui – individu, objet, événement – symbolise pleinement l'événement douloureux, qui est le déclic et la matrice de toutes les souffrances que sa répétition induit. Ce transfert permet de réactualiser l'expérience, de la vivre et de la revivre aussi profondément que possible. Revécue avec cette force venue du plus profond de soi, elle provoque un bouleversement fondamental. Les lignes changent. Quelque chose se passe et les barrières tombent. C'est un instant crucial pour le patient, facteur à la fois de grande fragilité et de grande force, qui demande, je le répète, l'accompagnement d'un clinicien parce que ces phases de répétition volontaire de la souffrance pour atteindre son dépassement ne sont pas dépourvues de violence.

Mais le clinicien n'est pas le moyen exclusif de ce dépassement. L'expérience doit trouver sa consolidation dans un rapport nouveau et fructueux avec les autres. Non seulement dans le cadre d'une relation amoureuse, mais encore dans des échanges quotidiens avec les individus qui composent notre tissu affectif général – confrères, parenté lointaine, amitiés. Il faut s'ouvrir aux autres. C'est dans ce contact que le lien avec le monde, si fortement entamé chez l'adulte surdoué, pourra être reconstruit.

6.

Opérer une mue

Les atouts, les moyens

La résilience et la reprise de contact avec son moi profond, son vrai self, ne suffisent pas pour envisager une vie réussie en termes de bonheur et de bien-être. Je l'ai dit : à l'issue de ce travail d'introspection, de démêlage des fils du vrai et du faux qui constituent le tricot de notre personnalité, il faut encore établir ce qu'on désire authentiquement, et donc réfléchir et définir ses attentes réelles…

• Le *modus* le plus efficace pour cette introspection qui doit conduire à mettre à plat sa vie passée, afin de repérer les faillites, les déceptions, les acquis et les faiblesses, est de travailler avec l'aide de son entourage. Le clinicien apporte un soutien solide dans cette démarche, parce que aucun enjeu affectif ne complique jamais le processus, mais il n'est qu'une béquille, et la guérison n'adviendra pas en toute indépendance et en toute liberté si le patient ne (re-) noue pas aussi un dialogue avec ceux qui l'ont entouré depuis son enfance. Avec l'aide de son entourage, complice de sa démarche, il doit mettre tout à plat de ses expériences passées, afin d'établir des cohérences et des chronologies. Comme une ménagère qui entreprend un vaste nettoyage de printemps, de la cave au grenier, pour retrouver ce qui a été cassé, oublié, caché ou enseveli sous la poussière du temps.

La base de l'interrogation autour de laquelle ce ménage va s'articuler est simple, elle se résume à cette question : « Qu'est-ce qui m'anime au fond de moi, quel est mon désir ? » Simple, mais pas toujours évidente. On a enfoui son idéal depuis si longtemps dans le tréfonds de son cœur ! L'imagination a été si longtemps réprimée et, avec elle, les initiatives personnelles !

Lorsque j'ai posé la question à Renée, adulte surdouée de vingt-huit ans en situation scolaire et professionnelle d'échec, elle m'a regardée l'air sidérée, comme si je lui parlais une langue étrangère. Un idéal ? En avait-elle eu un, un jour ? Renée s'était perdue dans les emplois que les autres voulaient lui voir remplir, et qu'elle embrassait pour leur faire plaisir, avec l'angoisse jamais calmée de ne plus être aimée d'eux.

Sa pensée en arborescence, si propre aux surdoués, achevait de l'acculer dans un repli sur soi et une procrastination chronique. Il a fallu que je lui propose de renouer avec ses rêves d'enfant et d'adolescente pour que quelque chose en elle, quelque chose d'elle, se réveille et reprenne la parole.

C'est ainsi que, pas à pas, avec l'aide de ses proches, j'ai pu l'amener à prendre de la distance avec sa vie quotidienne, afin de créer son monde personnel.

• Créer son propre espace est l'étape indispensable qui suit la prise de conscience de ce qu'on désire en vérité. C'est dans cet espace personnel, et dans cet espace seul, à l'abri des incitations du monde, des conduites de fuite, des réflexes de peur nés des « Mais pour qui te prends-tu ? », des critiques, des avis et des conseils toujours bien intentionnés, que l'adulte surdoué pourra développer ce qu'il est vraiment, et essayer toutes les cordes de son arc – et elles sont nombreuses – sans réticence aucune.

• Il convient aussi de fabriquer ou de trouver un terrain de jeu pour ses cellules grises, sans attendre que le monde l'offre spontanément. Souvent, pour être accepté malgré sa différence, l'adulte surdoué a pris l'habitude depuis son enfance de renoncer à exploiter sa surefficience intellectuelle. Il s'est contraint à contenir son originalité, certain qu'elle est un obstacle à une relation sociale ou amicale. Dans son travail d'introspection, de retour aux rêves, le surdoué devra retrouver les terrains de jeux qui excitaient son plaisir à faire fonctionner ses méninges : peinture, jeu d'échecs ou de go, lecture, mathématiques, mots croisés, ou, tout simplement, reprise d'études ou inscription à des cours magistraux, dans les domaines qui l'intéressent. Il faut cependant éviter d'envisager ces terrains de jeux comme de simples *hobbies*. Ces activités doivent avoir un objectif concret, dont la réalisation consolidera les liens avec le monde réel et avec sa propre estime. Il faut que l'adulte surdoué apprenne dès lors à ignorer les limites qu'il s'est imposées depuis l'enfance, à se faire confiance et à entreprendre tout ce dont il se pensait incapable jusque-là.

• Pour opérer cette mue radicale, l'adulte surdoué doit accepter cet axiome de base redondant : la réussite matérielle n'est pas le pendant d'un absolu de satisfaction. Pour lui plus que pour aucun autre, il ne s'agit pas de réussir dans la vie, mais de réussir sa vie. Une grande part de son malêtre naît de ce que la réussite, selon les critères généraux auxquels il s'efforce de se conformer, ne l'épanouit pas. Il s'ensuit un sentiment de culpabilité, entretenu par l'entourage : « De quoi te plains-tu ? Tu as tout pour être heureux. » Tout, certes, sauf une vie qui lui appartienne pleinement, construite sur ses attentes véritables.

La réussite telle que la norme la conçoit ne peut pas être l'objectif de ses choix, sauf à se rendre malheureux. La réussite de l'adulte surdoué ne peut être que la résultante d'un épanouissement de tout son être. L'adulte surdoué, si sensible aux affects et aux impératifs esthétiques de ses actes, se doit d'abandonner les critères généraux. Pour trouver un équilibre entre lui et le monde, il doit se rappeler que la qualité de ce qu'il fait prévaut sur ce que son entreprise va lui rapporter. Il aborde dès lors un changement de perspective radical, puisqu'il doit *privilégier la motivation interne par rapport à la motivation externe* – il doit réfléchir à ce qui le rend heureux, sans rapport avec ce que les autres estiment être les critères du bonheur.

• Ainsi, alors que, pour la majorité, développer son intelligence rationnelle est une étape indispensable et nécessaire à l'acquisition de diplômes, de pouvoirs et de reconnaissance publique, cette recherche ne vaut pas pour l'enfant ni pour l'adulte surdoués, déjà largement dotés de cette surefficience intellectuelle. Le bonheur ne se conjugue pas de la même façon pour ces deux populations. Et puisque l'adulte surdoué doit trouver sa voie d'une façon différente, puisqu'il est différent, alors il doit impérativement *trouver son style personnel.* « Ne cesse pas de sculpter ta propre statue jusqu'à ce que l'éclat divin de la vertu se manifeste », conseillait Plotin. C'est un conseil universel auquel l'adulte surdoué doit particulièrement tendre l'oreille. L'adulte surdoué doit travailler sa propre matière pour lui donner une forme, de façon que l'éclat de son vrai moi et de ses vertus se manifeste enfin et se déploie pleinement. Comme le marbre ou le diamant, il faut tailler dans les impuretés, les défauts, et débarrasser l'essence de sa gangue.

• C'est ainsi que, ses objectifs clairement établis, ses rêves remis au goût du jour, et avec pour règle de viser toujours plus haut qu'il n'y aurait pensé initialement, l'adulte surdoué doit commencer à *travailler sur lui-même pour apprendre à maîtriser les défauts de ses qualités.* Car il peut devenir son pire ennemi, à cause de ses qualités mêmes : perfectionnisme, réactivité aux défis personnels, tendance au mysticisme et à la spiritualité, prise de risque compulsive, célérité intellectuelle, pensées en arborescence, hypersensibilité à l'environnement, hyperémotivité, empathie qui confine à la clairvoyance…

Toute médaille a son revers. Certes, chaque surdoué est singulier dans les manifestations de sa douance – celles qui ne paraissent ni normales ni enviables par les autres – mais certains traits de caractère sont communs à tous les surdoués. Ce sont ceux-là, qui ressortent le plus souvent des points forts de leur intelligence cognitive, de leur intelligence émotionnelle et de leur intelligence relationnelle, qui leur portent le plus grand préjudice :

– leur hypersensibilité les rend maladroits et inaptes à contrôler leurs impulsions ;

– leur peur de la différence les pousse à abandonner très vite leurs efforts dès qu'ils ne rencontrent pas l'adhésion de leur entourage. Ils doivent apprendre à persévérer.

Dans le même esprit, ils doivent :

– cesser de se déprécier pour tirer le meilleur parti de leurs talents ;
– traduire leurs pensées en action ;
– finir ce qu'ils ont entrepris ;
– ne pas redouter leurs propres initiatives, ni leurs désirs spontanés ;
– ne pas remettre au lendemain ce qu'ils ont décidé d'entreprendre, parce que cette décision pourrait déstabiliser leur maîtrise d'eux-mêmes ;
– accepter la critique juste et la rechercher plutôt que le compliment facile ;
– apprendre à se focaliser et à se concentrer sur le but à atteindre, s'y prendre étape après étape, un problème après l'autre ; autant dire : faire preuve de patience ;
– savoir attendre la récompense ;
– savoir combiner leurs formidables ressources ; ceux qui parviennent à se reconstruire savent être à la fois pratiques, analytiques et créatifs.

• *La patience* est la clé de cette démarche fondamentale. Pour vivre cette expérience de la présence de soi à soi sans peur de l'inconnu ni de l'échec, de sa présence au monde éprouvée sans variations d'humeur ni démesure, de sa présence au temps sans connaître de sentiment d'ennui, si fréquent chez le surdoué, il faut de la patience. À une époque où cette vertu est de moins en moins enseignée, où la culture et l'économie sont fondées sur la satisfaction immédiate de ses désirs, sans donner même le temps de réfléchir à leur source, elle est pourtant la seule qui permettra de transformer le pathos, la souffrance, la passion, et tout ce qui est vécu par l'adulte surdoué comme une privation d'être, en l'expression la plus éminente de ses merveilleuses capacités. Elle est celle par quoi l'adulte surdoué saura endurer les retards, les contrariétés et les déceptions qu'il s'inflige à lui-même dans sa quête d'unité et de sens.

Les erreurs à éviter

Pour réussir sa mue, son ouverture au monde, l'adulte surdoué doit prendre en compte les difficultés objectives du travail sur lui-même et prévoir les écueils qui l'attendent. Certes, la bonne méthode consiste toujours à renforcer ses points forts pour récolter les fruits de ses talents, plutôt que s'échiner à vouloir compenser ses faiblesses, ce qui représente une perte folle d'énergie et de temps. Lorsque je parle de points faibles, il s'agit bien sûr de capacités cognitives, et non pas de défauts de comportement et de défaillances dans sa communication avec le monde, dont on vient de voir qu'il fallait les corriger déjà en reconnaissant leur existence et en évaluant leurs conséquences sur l'entourage.

Résister au syndrome de l'imposteur

Lors de son travail de reprise de contact avec son entourage, travail qui passe par une attention à l'autre selon les critères qui lui sont propres, l'un des obstacles les plus fréquents, et les plus destructeurs, que rencontre l'adulte surdoué consiste à croire que l'estime que les autres lui portent est bien plus élevée que ce qu'il mérite. Il s'ensuit une peur chronique d'être dévoilé dans ce qu'il juge être une imposture. Dès lors, rien ne peut le rassurer. Il y a pire : plus sa réussite est éclatante, plus elle accroît sa terreur d'être démasqué.

Quel que soit son degré d'intelligence ou de talent, et comme chez tout le monde, c'est le sentiment personnel de sa valeur propre qui, *in fine*, soutient ou sabote le sentiment de réussite de l'adulte surdoué.

Quel succès dois-je mériter ? Quelles épreuves dois-je traverser pour mériter un succès ? S'il ne traverse pas les turbulences et les difficultés que rencontre le commun des mortels, l'adulte surdoué a le sentiment d'avoir volé sa réussite, d'usurper sa victoire. Son succès n'est jamais perçu comme réel ni mérité parce que son triomphe ne répond pas aux critères généraux. Ces phrases répétées à l'encan : « Il faut que ça coûte », « Il faut payer le prix un jour ou l'autre », « Il faut en baver pour réussir », « Il faut consentir à d'énormes sacrifices », qu'il entend autour de lui, ne s'appliquent pas à lui. Ce constat creuse un abîme entre la satisfaction ressentie par la norme en cas de succès et la détresse vécue par le surdoué dans la même situation.

Se méfier de sa dépendance au QI

S'il a été récompensé dans ses études pour son utilisation des formes d'intelligence évaluées par le QI, l'adulte surdoué en manque de reconnaissance et d'affection aura la tentation de se réfugier de plus en plus dans ses capacités intellectuelles, pour ne plus dépendre que d'elles. Or, dans le monde extérieur, dans la vraie vie, l'intelligence analytique ne suffit pas. Non pas qu'elle soit superflue, mais elle perd de son importance et de sa primauté. Elle est même un obstacle, par les raideurs qu'elle impose, à la résolution des souffrances.

Ainsi, dans la relation (amicale, professionnelle, amoureuse), l'adulte surdoué compensera ses grandes insatisfactions par l'analyse méthodique de leurs origines plutôt que de se mettre à la recherche d'une relation plus épanouissante pour lui.

L'intelligence cognitive, lorsqu'elle est l'atout choisi pour aider sur le chemin de la résilience, présente un grave effet secondaire : elle atrophie l'intelligence pratique, indispensable pour rectifier sa trajectoire et faire fructifier ses erreurs. Car l'intelligence pratique, ce n'est pas ne pas faire d'erreurs, au contraire. Celui qui commet une erreur se trouve contraint de se sortir des situations délicates et difficiles dans lesquelles elle l'a plongé. L'intelligence pratique constitue, expérience après expérience, le kit de survie sociale qui permet à celui qui la possède de se mettre à l'abri de beaucoup d'échecs, de déconvenues et de souffrances. Elle enseigne aussi, dans l'épreuve, les ressources de courage et d'initiative pour s'en sortir.

Pour illustrer mon propos, j'aime citer l'enquête qu'a menée, aux États-Unis, la psychologue Ruth Duskin Feldman. Dans les années 1940 et 1950, des *quiz* radiodiffusés et télévisés très suivis mettaient en compétition des enfants aux capacités intellectuelles hors du commun. Elle a retrouvé la plupart de ces anciens phénomènes, alors qu'ils étaient parvenus à l'âge adulte. Dans son livre *Whatever Happened to the Quiz Kids* [1], elle a révélé que la plupart d'entre eux menaient des vies tout à fait ordinaires et qu'aucun n'avait connu une grande réussite. Or, presque dans le même temps, une étude menée en Californie [2] mettait en évidence que plus les qualités sociales – telles que s'entendre avec ses camarades, aider sa famille, contribuer activement à une bonne ambiance… – étaient encouragées par

1. Ruth Duskin Feldman, *Whatever Happened to the Quiz Kids*, Chicago Review Press, 1982.

2. L. Okagaki et R.J. Sternberg, « Parental Beliefs and Children's School Performance », *Child Development*, vol. 64/1, février 1993.

les parents, moins l'école qualifiait l'enfant d'intelligent. Et il est vrai qu'en France, encore plus que partout ailleurs, la gentillesse comme la bonté sont antinomiques avec l'intelligence. Il y a une confusion grave, mais solide, entre intelligence et méchanceté.

Dans le cas où il se réfugierait entièrement dans le domaine de l'intelligence cognitive, dans le monde des idées, le surdoué courrait le risque du dépit : le sentiment d'être incompris et rejeté le consumerait jusqu'à ce qu'il développe des troubles sérieux. Dans le cas où c'est le domaine de l'intelligence créative qu'il choisirait de surinvestir, il risquerait de s'enfermer dans une caricature de lui-même, du type du professeur Nimbus ou du savant fou, et, quels que soient la qualité ou l'intérêt de ses recherches, il n'attirerait sur ses découvertes que railleries et suspicions.

Travailler d'autres formes d'intelligence

Quel que soit le but qu'on souhaite atteindre, y parvenir requiert la mise en pratique d'aptitudes créatives et pratiques. Malheureusement, si l'enfant précoce ne manque pas en général de créativité, celle-ci n'est pas encouragée à l'école et n'est pas prise en compte aux examens. Dès son enfance, le jeune surdoué apprend donc à étouffer ce formidable potentiel. Et, plus tard, il lui est encore plus difficile d'y avoir recours lorsqu'il est en souffrance.

Dans la même logique, dans la vie courante, on a souvent tendance à accorder plus de crédit aux compétences analytiques que créatives. L'importance qu'on prête aux premières n'est pas usurpée, mais négliger les secondes crée un déséquilibre. Au commencement est toujours la création. Sans objet d'art, sans produit manufacturé, sans architecture, il n'y a rien à promouvoir, à vendre, à développer, à construire.

Je le répète aux adultes surdoués qui s'enferment derrière les remparts de leur intelligence comme dans une forteresse interdite à la souffrance : le succès tient sans aucun doute à un bon équilibre entre ces trois types d'intelligence, analytique, créative et pratique. Le facteur-clé est de savoir utiliser chacune au bon moment. L'intelligence reine serait peut-être cette science du juste moment, qui permettrait dès lors de mobiliser les autres à bon escient.

Aucune intelligence ne peut donc se passer des autres. Savoir arrêter d'analyser quand il est temps d'agir est primordial. Le dicton populaire reste vrai : « Il y a un moment où il faut se jeter à l'eau ! » Sans cela, aucune réalisation de soi n'est possible. Prendre des risques est important, et l'analyse apprendra au patient à discerner quel est le « bon » risque à courir pour lui et quelle initiative se révélera désastreuse. Ainsi que le disait le philosophe Vladimir Jankélévitch : « L'existence nous a été donnée pour exister et non pour réfléchir l'existence, la respiration pour respirer et non pour se regarder respirant[1]. »

Enfin, il est important pour l'adulte surdoué de se ménager des moments de retraite, de se couper d'un environnement qui tend à créer des œillères. Il y a un génie en lui, comme en chacun de nous, qui ne demande qu'à s'épanouir pour peu qu'on travaille à « sculpter sa propre statue », comme le conseillait le philosophe Plotin. Alors, on parvient à libérer une force de vie qui veut donner corps à sa propre solution et qu'il est primordial de laisser s'exprimer.

1. Vladimir JANKÉLÉVITCH, *Philosophie morale*, Flammarion, 1998.

Revoir ses critères d'intelligence

Notre façon de mesurer l'intelligence, et, plus généralement, les standards par lesquels on présume des capacités d'un individu, entraîne un énorme gâchis de talents. De nombreuses personnes se fourvoient car on leur laisse penser qu'elles n'ont pas les capacités requises pour s'investir dans leurs domaines d'intérêt.

Or les personnes intelligentes qui connaissent le succès ne le doivent pas seulement à leurs aptitudes. Elles ont réfléchi aussi à *quand* et *comment* utiliser ces aptitudes de façon efficace. Ce sont ces *quand* et ces *comment* qu'il faut envisager pour comprendre ses échecs et éviter de les répéter, plutôt que de se lancer des défis intellectuels, chercher à résoudre des problèmes complexes. En effet, la plupart des adultes surdoués excellent dans la résolution de rébus de mathématiques, de philosophie, de droit ou de toute autre matière de l'esprit. Ils y parviennent grâce à leur solide mémoire, à leur esprit de synthèse, à la vélocité de leurs raisonnements et à leur capacité à comprendre et à expliquer les idées des autres... Mais, paradoxalement, ils ont énormément de difficultés à émettre et à avancer des idées qui leur soient propres.

C'est que l'intelligence, on l'a dit, dépasse largement la simple notion de QI. Comment toutes les réalisations et les capacités du genre humain (musique, technologie, art pictural, danse, architecture, *business*, sciences, émotions, inventions...) pourraient-elles n'être le fruit que d'une seule et unique faculté ? Les formes d'intelligence sont multiples et dynamiques, et l'on peut être surdoué selon des aptitudes singulières qui s'expriment sous des formes différentes.

Pourrait-il en être autrement ? Chacun de nous incarne

un moment particulier dans l'histoire : un mélange d'héritage génétique, d'expériences personnelles, de pensées et d'émotions qui, ensemble, constituent une conscience unique. Chacun de nous est un combiné de différentes formes d'intelligence : visuelle, auditive, kinesthésique, etc. Par ailleurs, une très grande aptitude dans un domaine ne veut pas dire que celui qui la possède sera brillant dans d'autres. Un grand mathématicien ne sera pas nécessairement un grand peintre, un poète ne sera pas nécessairement un grand danseur.

Ne pas adopter la hiérarchie traditionnelle entre les disciplines

L'idée, très discutable, que certaines disciplines sont plus nobles, plus difficiles que d'autres, fait que beaucoup de gens doués sont tenus à l'écart de leur talent naturel et le négligent, parce qu'ils se préoccupent trop de l'intelligence cognitive et de leur réussite pour les études. Beaucoup aussi, diagnostiqués dans leur enfance, se sentent obligés d'être excellents en tout. Défaillir dans une matière est à leurs yeux un échec et la preuve flagrante qu'ils ne sont pas ce que leurs parents s'imaginaient. Un jour, se disent-ils, le monde s'apercevra de leur imposture. Et s'ils sont surefficients dans l'une des matières méprisées par la culture générale, ils négligent le domaine dans lequel ils pourraient justement s'épanouir le mieux.

Ainsi, un patient a repris contact avec moi quelques années après ses consultations dans mon cabinet pour me raconter qu'il avait enfin trouvé son vrai métier, cuisinier, né d'une vocation qui remontait à son enfance. Au lycée, lorsque interrogés sur leurs projets professionnels, ses camarades parlaient de devenir ingénieurs, de suivre un cursus commercial, des études de droit..., il avait fait part de son intention d'entrer dans une haute école de cuisine après l'obtention de son bac. Parce que ses résultats scolaires étaient excellents, et au regard de son QI, diagnostiqué à la demande de ses parents, ses professeurs et sa famille lui avaient vertement rétorqué que ce serait une grossière erreur. Un avenir bien plus brillant l'attendait. Il s'était alors laissé persuader qu'il gâcherait sa vie à vouloir apprendre la cuisine. Il avait obéi. Il m'avait confié l'humiliation qu'il avait ressentie à ce moment-là.

Et puis, adulte, après de brillantes études et des premiers pas éclatants dans son domaine professionnel – la finance –, il avait claqué la porte à tout et à tous. Il étouffait. Malgré le manque d'encouragement de sa famille, il avait renoué avec son rêve d'enfant. Il avait acquis en tant que chef une certaine renommée et attendait sa deuxième étoile.

La différence fondamentale et déterminante que j'ai pu observer au fil de mes entretiens avec les adultes surdoués se situait entre ceux qui avaient découvert, ou à qui on avait fait comprendre dès l'enfance que dépendre d'un seul talent à l'exclusion des autres était une erreur dangereuse, et ceux qui n'admettaient pas cette idée. Ce n'est pas le QI qui doit déterminer l'avenir, mais le contexte qui doit décider du talent à investir. C'est une vérité que les surdoués, et leur entourage, ont du mal à entendre : on peut être doué, exceptionnellement doué même, sans que cela implique qu'on fasse toujours les bons choix.

Est-ce si difficile lorsqu'on est doué de surefficience intellectuelle ? Contrairement aux idées reçues, c'est peut-être encore plus ardu que pour les individus dans la norme ! En effet, le discernement naturel d'un surdoué est occulté par sa propension au perfectionnisme, qui le pousse à placer la barre très haut, pour lui-même et pour les autres. S'il la place dans un domaine qui n'est pas forcément le sien, il souffrira d'autant plus de ses difficultés.

Il est très sensible aux défis personnels – bien plus qu'aux récompenses décernées par la société. Il ne résistera pas au projet de triompher dans une matière qui ne lui est pas naturelle. Et il supportera d'autant moins l'échec qu'il peut travailler à réussir jusqu'à l'épuisement, en même temps que, par manque de confiance en lui, il aura tendance à l'autodérision, à l'autocritique, voire à l'autodénigrement.

Année après année, patient après patient, j'ai constaté que ceux qui avaient peut-être moins de talents que d'autres obtenaient souvent plus de reconnaissance de leur entourage. Ils s'épanouissaient d'autant plus qu'ils avaient trouvé et suivi le chemin dans lequel ils étaient bons. Par un effet logique de dominos, leur assurance professionnelle déteignait sur leur assurance affective. Rayonnants, ils attiraient à eux des amis.

L'adulte surdoué en souffrance doit donc apprendre à considérer l'intelligence émotionnelle comme une intelligence aussi noble que l'intelligence cognitive, parce qu'elle suppose un certain nombre de qualités personnelles et interpersonnelles indispensables à la résilience et au dialogue avec le monde :

– être capable de comprendre et d'exprimer ses sentiments ;

– être capable de s'entendre avec les autres, de communiquer clairement et d'écouter avec empathie, de répondre de façon positive et avec sensibilité aux nouvelles situations.

C'est un fait : les personnes qui ont une forte intelligence émotionnelle ont plus de chances d'accéder aux hauts postes des entreprises et de les diriger, surtout dans notre société marquée par un environnement changeant et un avenir toujours incertain. Ces hommes et ces femmes sont des *leaders* créatifs, qui savent être des *coaches* et des mentors pour leurs employés plutôt que des chefs directifs et autoritaires. Ainsi, ils les encouragent à développer leurs talents et leurs aptitudes pour le plus grand bien de l'entreprise.

« L'éducation formelle telle que nous la connaissons a joué un rôle important dans l'exil des sentiments », a soutenu, à juste titre, le psychologue Daniel Goleman dans son ouvrage *L'Intelligence émotionnelle*[1]. Et d'avancer que ce qu'il faudrait chercher à atteindre dans l'éducation, c'est un équilibre positif entre notre connaissance du monde extérieur et notre connaissance de nous-même.

Cette démarche est d'autant plus importante dans le cas de l'adulte surdoué que ce que cet individu recherche n'est pas de l'avoir, mais de l'être. Or qu'est-ce qu'être, sinon ressentir ?

Admettre les atouts et les bénéfices de l'intelligence pratique

Encore une fois, faire preuve de souplesse de fonctionnement est capital pour trouver sa voie.

Les adultes surdoués qui ont réussi admettent ainsi qu'ils ont dû changer leur façon d'être et de travailler pour être en accord avec la situation et la tâche à accomplir. Ils analysent quels changements il faudra effectuer et s'appliquent à s'y tenir. C'est ce qu'on appelle une bonne intelligence de la situation.

Elle peut s'apprendre dès l'enfance, mais, dans notre

1. Daniel GOLEMAN, *L'Intelligence émotionnelle*, J'ai lu, 2003.

société surprotégée, l'enfant a de moins en moins de possibilités d'apprendre au travers de son expérience. Ainsi, les enfants les moins accompagnés et les moins couvés, qui n'ont pas grandi sous les interdits et les mises en garde, en retirent un avantage. L'enfant à qui l'on répète en permanence que tout est dangereux est privé d'un enseignement fondamental. Les Anglo-Saxons ont une bonne expression pour nommer cette faculté dont font preuve les enfants laissés pour compte : ils parlent de *street-smart*, l'intelligence de la rue.

Cesser d'étouffer sa créativité

Au contraire de la logique pure, qui ne nécessite pas de matière, de support ou d'éléments étrangers, la créativité est un dialogue entre les idées et le support sur lequel elles se sont formées. Elle naît toujours de la médiation entre la matière et la sensibilité. Comme l'intelligence pratique ne peut s'abstraire de situations concrètes, il n'y a pas de créativité sans domaines qui lui soient particuliers.

Qu'une idée nouvelle naisse d'un geste, d'une musique, d'une image, cette idée demande toujours à être testée, reformulée, transformée. Plus la discipline fait appel à la matière, plus le processus lui-même sera source de nouveauté. Plus la discipline est formelle, plus les idées pourront apparaître directement formées. Mozart avait ainsi la réputation de n'apporter que très peu de corrections à ses compositions.

L'adulte surdoué manifeste une grande tendance à refouler son sens créatif. Il l'accuse inconsciemment d'aggraver sa différence. Il juge qu'il compromettra son excellence dans les matières cognitives, où son entourage attend qu'il triomphe. Or la créativité a aussi un rôle prédominant dans des domaines purement intellectuels, comme les mathématiques. Terence Tao, honoré à trente et un ans de la médaille Fields qui récompense les mathématiciens de génie, souligne que les découvertes en mathématiques sont le fruit d'expérimentations et d'erreurs. Dans le même esprit, Einstein a souligné le plaisir de cette recherche à tâtons : « Celui qui n'a jamais fait d'erreur n'a jamais rien essayé de nouveau. »

Enfin, dans le processus de création, la focalisation de l'attention est importante. Elle exige une formidable capacité de discernement. Il s'agit d'être capable de juger le moment où l'expérimentation vaut d'être continuée et le moment où elle est vouée à l'échec. Elle demande donc une bonne estimation du temps nécessaire pour que l'idée nouvelle ait le temps de porter ses fruits – fussent-ils secs.

La créativité a donc besoin des autres formes d'intelligence pour s'épanouir, du sens pratique, du raisonnement abstrait. Et d'un regard sur soi-même : viser la perfection ou une œuvre aboutie au premier jet est impossible. De nombreux adultes surdoués, parce qu'ils échouent, se méprennent sur leur créativité et renoncent. Or qu'est-ce qu'explorer sa créativité, sinon repousser les limites de ce que l'on connaît pour explorer de nouvelles possibilités ? Partir des aptitudes qu'on possède pour les faire évoluer en fonction de ce que la tâche demande ?

Aucune matière ne lui est interdite. Elle est ouverte à tous les champs. Sir Harold Kroto, prix Nobel de chimie et designer professionnel, n'assure-t-il pas que le processus de créativité est le même dans les arts, les sciences, ou dans le studio d'un photographe, même si le résultat recherché est différent ? Serge Gainsbourg, qui voulait être peintre, n'a-t-il pas abandonné cette ambition pour finalement réussir dans la chanson ?

Combien ai-je reçu de patients qui finissaient par comprendre leur désir profond de changement d'activité, pour continuer à répondre à leurs aptitudes à créer, qu'ils avaient jusque-là refoulées ou mal investies ?

> « Je travaille dans la finance, mais je me sens l'âme d'un constructeur. »
>
> « Je prépare un brevet de pilote d'avion et je me suis remis à la flûte traversière. »
>
> « Après une thèse de doctorat en droit, j'ai repris le chant lyrique, que j'avais abandonné il y a des années. Aujourd'hui, je ne me consacre plus qu'à cela. »
>
> « Les maths et la musique sont très importantes dans ma vie. Avec les maths, on s'élève dans le ciel. La musique est pour moi le glissement naturel entre une forme d'ordre et le hors-limite. »
>
> « J'ai réussi à répondre à mes besoins en écrivant. De quinze à dix-sept ans, j'écrivais de la poésie macabre. Puis la peinture est devenue un exutoire. Participer à des expositions et m'y investir m'a aidé à surmonter des périodes difficiles. »

Enfin, l'intelligence créative a recours à l'imagination, même si elle ne se confond pas avec elle. Or l'imagination ouvre le champ des projections. Elle fait venir dans le quotidien des concepts et des hypothèses sans impératif de réalité. C'est grâce à elle que nous pouvons sortir de l'instant. Grâce à elle encore que nous pouvons revisiter le passé et percevoir différemment le présent. Elle autorise l'anticipation d'une multitude de futurs possibles. La créativité va un pas plus loin : le passage à l'action. On peut imaginer sans agir, mais créer implique de réaliser ce qu'on a imaginé.

D'une certaine façon, la créativité est l'imagination appliquée. Quant à l'innovation, elle est la créativité appliquée : elle produit quelque chose de nouveau ou d'amélioré.

Une liste des obligations vis-à-vis de soi-même

Voici, pour l'adulte surdoué, un mémo d'exercices à faire au quotidien, de conseils à méditer pour retrouver une cohérence dans sa vie et renouer le dialogue avec soi-même :

- Trouvez un sens à votre destin, à vos actes, à vos désirs.
- Devenez conscient de ce qui a de l'importance à vos yeux, et rassemblez vos pensées et vos actions pour soutenir votre définition du sens.
- Gardez à l'esprit que vous vous souciez davantage d'être aimé que d'être ce que vous aimez, et qu'il faut inverser cette tendance.
- Votre réussite ne peut se construire en suivant le chemin tracé par les autres. Elle ne peut se bâtir que sur des choix personnels.
- Personne ne peut établir pour vous le chemin que vous devriez prendre. Choisissez la voie que vous aimez, pour le meilleur et pour le pire.
- Vous n'avez pas à faire carrière dans tout ce qui a du sens à vos yeux, mais il vous faut trouver une place pour chaque chose qui en a. C'est l'équilibre à trouver.
- Votre personnalité ne détermine pas une réussite durable. C'est ce que vous faites avec votre personnalité qui compte.
- Ceux qui bâtissent voient dans chaque expérience l'occasion d'apprendre. Une faiblesse, un pas en arrière n'affectent pas de façon durable leur confiance en eux-mêmes.

• On ne peut réussir à trouver le bonheur, et un certain bien-être dans sa vie, sans s'impliquer avec foi et passion dans une action ou dans un travail de recherche. Ces actions, recherches et travaux, il faut s'y engager sans compter sur une récompense en argent, en pouvoir ou en admiration de l'entourage. Il faut s'engager parce que c'est essentiel pour soi.

• Visez un succès durable : ce que vous faites doit avoir un sens profond pour vous, vous passionner au point d'en perdre la notion de temps, et en dépit des critiques.

• Adoptez une nouvelle façon de penser, avec audace, optimisme et responsabilité.

• Adoptez une nouvelle façon d'agir, avec efficacité. Ayez une idée précise de ce qui est à accomplir, tout en acceptant que sa réalisation ne sera jamais aussi parfaite que l'idée que vous en aviez.

• Renoncez à aller très vite. Réprimez votre impatience chronique. Notre époque entretient le mythe que tout doit et peut se faire très vite. Or la vitesse n'est pas garante de la perfection ni de la réussite.

• Réfutez le mensonge de notre époque : la réussite n'est pas dans la célébrité.

• Utilisez les nouvelles technologies avec méfiance et parcimonie. Elles flattent votre surefficience intellectuelle et entretiennent l'arborescence de votre pensée ; elles vous permettent d'accomplir plusieurs tâches dans un même moment, d'abolir le temps et les distances, d'être toujours avec tout le monde sans être jamais avec personne… Cependant, elles augmentent en proportion votre solitude.

• Rappelez-vous cette phrase du psychologue Robert Sternberg, auteur d'un ouvrage sur l'« intelligence qui réussit[1] » : « L'intelligence devrait être de savoir quand penser et agir rapidement, et quand penser et agir lentement » ; et celle de l'écrivain James Thurber : « Tout homme devrait chercher à savoir avant qu'il ne meure ce qu'il cherche à éviter, ce qu'il recherche, et pourquoi. »

Les personnes qui réussissent, qui sont heureuses, prennent le temps de réfléchir, de mettre les choses en perspective. Elles ont un objectif et savent comment l'atteindre. Ce n'est pas tout d'être occupé ! Occupé à quoi ? La capacité à focaliser son attention sur les choses importantes est une des marques de l'intelligence.

En consultation, je reviens très souvent sur cette étape : chaque jour, il faut s'accorder un temps pour se poser, prendre ne serait-ce que quelques minutes pour faire le point (sur ce que l'on ressent, par rapport à la tâche qu'on est en train d'accomplir ou pendant le temps d'une rencontre) et, ce faisant, ne pas perdre de vue la sagesse et ses objectifs.

Lors de ces pauses, il est bon de réfléchir à ces questions :

– quelle est ma définition d'une vie bien vécue ?

– quelle sorte de personne et quelle sorte d'ami aimerais-je être ?

– quelle contribution aimerais-je apporter à la communauté au travers de mon travail ou de mes activités ?

• Apprenez à vous écouter ! Cela vous permettra d'entendre les petites voix étouffées depuis si longtemps et, ainsi, de mieux vous connaître pour être efficace dans vos choix. Savoir ce que vous désirez fera la différence entre la foi et le doute, le courage et la peur, le succès et l'échec.

---

1. Robert Sternberg, *Successful Intelligence : How Practical and Creative Intelligence Determine Success in Life*, Plume, 1997.

• Le dialogue intérieur contient les clés de vos perceptions, de vos décisions, de vos actions et de la meilleure façon de vivre votre vie.

• Apprenez à distinguer entre celles de vos pensées qui résultent de ce que vous avez appris et que vos parents et vos enseignants vous ont répété tout au long de votre vie et celles qui émanent de votre sagesse intérieure. La méditation est un excellent moyen pour y parvenir.

• Privilégiez les objectifs spirituels aux objectifs matériels. L'adulte surdoué est hautement sensible à tout ce qui est spirituel. Il est doté d'un haut sens de la justice et d'une profonde empathie à l'endroit de ceux qui souffrent. Et comme, le plus souvent, il juge le monde extérieur frivole et superficiel, il trouvera de la joie dans une consécration spirituelle ou dans l'accomplissement d'une vocation, bien plus qu'en gagnant de l'argent.

• Rappelez-vous qu'être à ce que l'on fait, cultiver sa singularité, ce n'est pas se différencier, voire mépriser le monde, c'est s'en rapprocher et créer des liens avec lui.

Apprendre à s'aimer

« Comment voulez-vous que j'aime mon prochain comme moi-même, puisque je ne m'aime pas ! » ironise un jour Gilbert dans mon cabinet.

Et il ajoute, avec une sorte d'humour condescendant :

« Et d'ailleurs, qu'est-ce que ça veut dire, s'aimer soi-même ? »

Cette boutade pleine de douleur m'a interpellée. Et j'ai compris que le mode d'emploi de cet amour manquait cruellement et chroniquement aux adultes surdoués en général, et très particulièrement à ceux en situation de souffrance.

Dès lors, comment apprendre de nouveau à s'aimer ?

Le psychologue Christophe André a établi les trois piliers indispensables à l'amour-propre :

1. l'amour de soi : se respecter, écouter ses besoins et ses aspirations ;
2. la vision de soi : croire en sa capacité, se projeter dans l'avenir ;
3. la confiance en soi : agir sans crainte excessive du jugement d'autrui.

Pour s'aimer, il faut s'estimer

L'estime de soi a deux racines. La première plonge dans le sentiment d'être aimé, la seconde dans celui d'être compétent. De manière générale, les individus qui ont une faible estime d'eux-mêmes ont tendance à modifier leur discours en fonction de leur entourage et de leur interlocuteur. Or plus on s'estime, plus on agit, et plus on agit, plus on s'estime. *A contrario*, d'année en année, l'absence d'estime de soi provoque une peur chronique de l'échec. Pour prévenir cet « échec » qu'il croit inéluctable, le surdoué agit le moins possible : il s'applique surtout à ne jamais rien tenter. Il met en place ce qu'on appelle une stratégie de l'évitement.

Mais le niveau global d'estime de soi influe considérablement sur les choix de vie et sur le « style existentiel ». On le devine sans peine : une bonne estime de soi égale une bonne envie de réussir et une faible estime de soi, la peur d'échouer.

Certes, souligne Christophe André, elle ne suffit pas à expliquer l'ensemble des réactions d'un individu. Il est nécessaire de prendre en compte son degré de résistance aux événements de la vie quotidienne, tant il est vrai que l'estime de soi est l'objet de fluctuations. Mais une mauvaise estime de soi délivre un signe conséquent du désamour que l'adulte surdoué éprouve parfois pour sa propre personne.

Elle est d'autant plus ardue à restaurer qu'elle est mise en place dans la petite enfance, et souvent par une difficulté à résister aux commentaires de parents outrancièrement autoritaires.

Les cliniciens évaluent toujours avec soin l'état d'estime de soi de leurs patients. C'est que celle-ci a ses maladies propres qui varient de la dépression à l'ego excessif du maniaco-dépressif – impression de facilité, d'intensité, de puissance, d'opulence et d'euphorie. Elle passe par des phases de narcissisme, d'adoration de soi : l'attente d'être reconnu comme supérieur, le fantasme de succès illimités, de pouvoir, de splendeur… Elle génère aussi de nombreux et profonds complexes. Parmi eux, la conviction d'être porteur d'un défaut.

> « Je suis plus à l'aise dans une situation dont je connais l'issue négative. C'est mon système de protection pour ne pas avoir mal. L'enjeu n'est alors plus l'échec », a reconnu Gilbert.

Comment améliorer son estime de soi ?

Il existe, fort heureusement, des règles simples. Elles demandent un gros travail sur soi pour les appliquer, mais, sans ce travail, les racines de la souffrance repousseront :

• Changer son rapport avec soi-même : prendre conscience de ses capacités et de ses limites. S'accepter. Être honnête avec soi-même.

• Changer son rapport avec l'action : même les petites activités peuvent augmenter la sensation de contrôle sur soi et permettent de se rapprocher de son image idéale. Il faut faire taire la petite voix critique intérieure qui décourage, accepter l'idée de l'échec, sans quoi rien ne peut être tenté.

• Changer son rapport avec les autres : il faut apprendre à s'affirmer, exprimer ce que l'on veut, ce que l'on pense et ce que l'on ressent tout en respectant l'autre, mais avec la plus grande fermeté. Il faut apprendre à dire non, sans agressivité, et à répondre avec calme à une critique.

L'adulte surdoué devra suivre son penchant naturel à l'empathie : écouter et ressentir le point de vue des autres…

Mais il lui faut aussi apprendre à transformer le motif de ses plaintes en objectifs, adaptés à son état de résilience, et en procédant par étapes. Et se souvenir que le soutien social et l'affection de son entourage sont essentiels à la construction d'une bonne estime de soi !

• Changer son rapport avec les objets matériels : l'adulte surdoué en situation de souffrance a trop tendance à attendre d'objets extérieurs qu'ils le rendent heureux. Il compense sa solitude par l'accumulation d'objets de collection, de biens matériels, ou d'accessoires de réussite fortement convoités par la société. Il découvre alors avec amertume que ces objets ne lui apportent aucun bonheur. Il ressent le plus souvent un sentiment de dégoût et de honte diffus.

7.

Les méthodes et les dangers

Ce dont l'adulte surdoué se plaint le plus souvent, c'est de sa solitude et de sa difficulté à établir des liens fructueux et constructifs avec le monde. Famille, amis, relations professionnelles et amoureuses, ces questions lui posent les plus douloureux problèmes. Elles sont le nœud de la grande majorité de ses souffrances, et, tout résilient soit-il, tout conscient des racines et de la nature de ses douleurs, il ne pourra vraiment trouver des chances de guérison tant que ces liens affectifs avec la société et son entourage ne seront pas rétablis.

Il faut donc que l'adulte surdoué, résilient, passe à l'étape supérieure, qui consiste à oser aller vers les autres. C'est avec ses émotions, et son intelligence émotionnelle, qu'il pourra le faire.

L'intelligence émotionnelle

À la fin des années 1980, le neurologue Antonio Damasio, dans son livre *L'Erreur de Descartes* dont j'ai parlé dans l'un des chapitres précédents, mettait l'accent sur le rôle fondamental de notre intelligence émotionnelle, identifiant son siège dans notre cerveau limbique, celui que l'on a qualifié pendant des décennies d'archaïque ou encore de reptilien. Depuis, de nombreux laboratoires ont confirmé que notre cerveau émotionnel avait un rôle fondamental dans toutes nos actions et ont souligné l'importance des émotions et de leur gestion dans la vie personnelle et celle des entreprises.

Au cours de ces trente dernières années, la découverte de l'ampleur de la plasticité de notre cerveau nous a permis de comprendre que celui-ci se modifiait physiquement en temps réel. De nouvelles connexions et la génération de nouveaux neurones nous permettent de nous adapter, en permanence, au monde extérieur et à notre univers intérieur pour gérer nos émotions et nos comportements. Le philosophe René Girard a mis en évidence, dans les années 1960, les mécanismes d'imitation qui sont à l'origine de la plupart de nos actions. Il a montré que nous n'avons pas de désir autonome : celui-ci est toujours emprunté, copié sur celui des autres. Notre vie est essentiellement construite en imitation de celle des autres. Notre « moi », qui se bâtit sur cette relation à l'autre, perd ainsi beaucoup de sa prétendue singularité. Enfin, en 1997, à l'université de Parme, l'équipe du professeur Giacomo Rizzolati a mis au jour l'existence dans notre cerveau de neurones ayant la capacité de refléter les états d'âme et les intentions des autres[1]. Ces fameux neurones, appelés depuis « neurones miroirs », constituent un mécanisme, automatique et permanent, qui régit notre relation aux autres. Ainsi, Andrew Meltzoff, de l'université

1. Giacomo Rizzolati, Corrado Sinagaglia, *Les Neurones miroirs*, Odile Jacob, 2007.

de Los Angeles, avait pu démontrer dans les années 1970 que, dès leur naissance, les bébés imitent leurs parents, identifient leurs émotions et leurs actions et apprennent leur langage ; c'est de cette manière qu'ils intègrent le monde relationnel et s'imprègnent de la culture environnante.

Lorsque deux personnes sont face à face, ces neurones spécialisés dans la détection des émotions et des intentions sont responsables d'un « va-et-vient émotionnel » incessant, constitué de suggestions et d'imitations réciproques. Se basant sur cet échange automatique, ils permettent la compréhension des motivations sous-jacentes et préparent le corps à la reproduction des gestes et des émotions. Nous construisons donc notre vie en imitant les autres, dans leurs comportements, dans leurs actions et dans leurs désirs. Nous copions leurs gestes, leurs idées et nous nous démenons pour acquérir ce qu'ils possèdent : objets, fortune, situation, renom, honneurs, amours, en fait pour nous accaparer ce que nous pensons être leur vie. Nous avons une vision tronquée de la réalité ; voilà pourquoi nos réactions sont souvent inadaptées et aggravent les problèmes.

Nous l'avons vu dans la première partie de cet ouvrage, chez l'adulte surdoué, ces mécanismes sont faussés, ce qui crée et aggrave une souffrance. L'identification n'a pas lieu. Le décalage est cruellement ressenti. La différence est posée, sans qu'aucun pont ne puisse être jeté entre lui et le monde. Mais, une fois que la résilience est opérée, le dialogue renoué, il peut alors se lancer à nouveau dans la société.

Qu'il se le dise : il n'est pas le seul à souffrir de solitude. Lors d'une récente étude sociologique, on a détecté quelque cinq millions de Français qui seraient dans une situation d'isolement relationnel. Et la société actuelle, technique et matérialiste, multiplie les risques d'aggravation de ce syndrome. Rousseau, qui n'aimait guère le monde moderne, dont les tares se profilaient déjà sous ses yeux, soutenait que le malheur des individus de l'ère moderne était qu'ils étaient « seuls quand ils sont avec les autres et avec les autres quand ils sont seuls ».

À ceux-là, à ces cinq millions, beaucoup de thérapies de groupe sont proposées pour recréer le lien. Mais je tiens à préciser qu'elles me semblent mal indiquées pour l'adulte surdoué. Différent, il ne pourra pas s'intégrer ni réagir en harmonie avec les autres et son sentiment de solitude ne pourra que s'amplifier. L'expérience aura pour conséquence de le meurtrir…

Alors comment faire pour rencontrer les autres et être compris d'eux ?

L'adulte surdoué doit apprendre à gérer les influx d'émotion trop forts, qui sont le lot d'un tempérament hypersensible. Il ne s'agit pas de refuser de les ressentir, mais d'apprendre à quels moments ils peuvent surgir et, une fois les déclencheurs repérés, d'apprendre à ne pas se laisser submerger par ses émotions.

L'intelligence spirituelle

Il faut aussi oser explorer son intelligence spirituelle, c'est-à-dire faire l'expérience de l'intériorité, qui est aussi celle de l'altérité. Il s'agit de réfléchir à ce que l'on est en termes de vertu. Sous cet angle, le QI a peu d'importance, ce qui permet un rapprochement : l'autre n'est plus un étranger, le radicalement autre, mais devient mon prochain et mon semblable.

L'intelligence spirituelle veille à écarter des objectifs à atteindre les recettes que propose le monde contemporain, qui laisse accroire qu'on pourrait réussir sa vie comme on réussit un soufflé. Comme l'a affirmé Luc Ferry dans son essai *Qu'est-ce qu'une vie réussie ?* : « Sous couvert de nous inviter librement à l'action et à l'épanouissement de soi, l'idéal de "réussite" auquel nos rêves éveillés, mais aussi le culte contemporain de la performance, donnent tant de poids et de prix, n'est-il pas en train de prendre la forme d'une nouvelle tyrannie[1] ? » Or rien n'est pire que l'échec, sinon la réussite quand elle ne comble pas. Rien n'est plus dangereux que de réaliser ses fantasmes : ils ne sont pas de vrais désirs, des souhaits qui ouvriraient des possibilités réelles de vie, mais autant d'indices d'une frustration essentielle, celle qu'engendre inévitablement en nous la logique absurde de la consommation. « Dans un monde sans spiritualité, le phénomène de l'envie dissimule quelque chose de plus profond que ce que la morale peut en saisir. La réussite des autres nous apparaît pour ainsi dire comme la preuve que nous ratons notre propre parcours, sans recours ni réparation possibles[2]. »

1. Luc Ferry, *Qu'est-ce qu'une vie réussie ?*, Le Livre de poche, p. 17.
2. *Ibid.*, p. 32.

Les dangers à éviter en allant vers les autres

Aller vers le même-que-soi

Le premier des dangers consiste à aller spontanément vers le même-que-soi, qui n'a rien à dire, qui est enfermé en lui-même. C'est un constat quasi général : celui qui possède un QI élevé n'est pas nécessairement l'ami idéal espéré. La personne intelligente que vous rencontrerez non seulement n'est pas nécessairement votre amie, mais elle peut avoir des idées et des croyances diamétralement opposées aux vôtres. Dotée comme vous d'un fort tempérament et d'une propension à s'exprimer sans prendre de gants, elle pourra même devenir votre ennemie, ce qui risque de causer plus de souffrances.

Beaucoup de personnes intelligentes éprouvent le désir de s'intégrer dans une communauté qui leur ressemble, quand bien même elles reconnaissent de leur propre aveu ne pas être de bonnes compagnes. De même, beaucoup d'adultes surdoués admettent, parfois non sans chagrin, qu'ils ne sont pas forcément bien disposés envers leurs prochains, quand bien même ils soutiennent les grandes institutions de la société civile ou participent à des œuvres caritatives.

Être la proie des pervers narcissiques

« Je sors d'une relation de deux ans avec une perverse narcissique qui m'a tout simplement anéanti. Lorsque j'ai pris conscience de sa véritable nature, j'étais déjà en dépression et en arrêt de travail depuis un mois. Mais j'ai fini par trouver qui elle était et pourquoi tous mes efforts étaient vains depuis le début, et pourquoi encore ils le seraient restés *ad vitam æternam*. J'ai donc pu la quitter, même si la dépendance est encore présente, et c'est pour ça que j'aimerais sincèrement que vous m'aidiez. Cette souffrance de ce que j'ai vécu ces deux dernières années, alliée à cette activité psychologique incessante qui a été vraiment accélérée par cette relation destructrice, m'a fait perdre pied. J'ai perdu toute envie, je me mens à moi-même et à mon entourage en disant que je vais remonter la pente. Pourtant, je sais très bien au fond de moi que je n'ai aucune certitude d'y arriver. Je ne supporte plus mon cerveau ni ma sensibilité.

Après une période idyllique, notre relation s'est vite dégradée. Critiqué, mis à mal, je suis entré dans une spirale infernale où j'ai tout fait pour essayer de récupérer son estime, son amour. Il m'a fallu trois ans d'enfer; trois ans où je me suis vécu comme incapable, idiot; trois ans de dépendance folle pour aboutir ici aujourd'hui. La lecture de votre livre m'a redonné espoir de pouvoir retrouver du positif en moi. Je ne peux pas le faire seul, aidez-moi», m'écrit un patient.

C'est un fait indubitable, le mélange de grande fragilité émotionnelle et de surefficience intellectuelle est un terrain de jeux idéal pour le pervers narcissique, qui va entraîner sa proie dans des yoyos affectifs de plus en plus vertigineux. Il la flattera jusqu'à plus soif, avant de se détourner d'elle et de l'amener à se déprécier à ses propres yeux. Le désastre est immense et les dommages peuvent entraîner l'adulte surdoué victime du pervers narcissique jusqu'au suicide.

Ces jeux ne se cantonnent pas exclusivement aux relations amoureuses. Lors d'entretiens avec des adultes surdoués, je retrouve souvent des traces d'abus psychologiques de pères «pervers narcissiques» : séduction et dévalorisation de l'enfant qui doute de lui-même et essaie longtemps d'être aimé et apprécié par le pervers. S'il existe des cas de malveillance de pères à l'égard de leurs fils, j'ai rencontré dans ma pratique plus encore d'exemples chez les filles. La thérapie a permis une prise de distance par l'identification de la nature de la pathologie paternelle. C'était de nouveau la preuve – s'il en fallait – qu'il faut mettre un mot et un nom sur sa souffrance.

L'enfant précoce est aussi trop souvent victime d'adultes extérieurs à la famille, d'adultes en position d'autorité... L'enfant n'ose pas évoquer leurs transgressions et les excès d'autorité et d'influence que ceux-ci se plaisent à exercer sur lui. Il ressent un profond sentiment de culpabilité et ne pense pas pouvoir être entendu par ses parents.

Claire évoquait ainsi les attouchements sexuels de son beau-père, tolérés jusqu'à l'âge de douze ans, lorsqu'elle s'était enfuie de sa chambre au milieu de la nuit. Sa mère l'avait retrouvée blottie dans l'escalier.

Liliane parle de son professeur de piano...

Maguy revient sur une relation homosexuelle encouragée par une enseignante qui l'a gardée « sous son pouvoir » jusqu'à la puberté, âge auquel elle lui préféra une plus jeune enfant.

Jacques, n'osant affronter le sujet de front, me dit à la fin d'un entretien, au moment de franchir la porte de mon cabinet : « Il faut dire aussi qu'enfant j'ai été abusé sexuellement par un homme. » Son aveu était destiné à retomber dans le silence, et il ne put reprendre cet élément de sa vie en thérapie que bien plus tard.

Isabelle, lorsqu'elle m'avoue de son côté : « Cela peut paraître aberrant d'aimer son bourreau, mais c'est le seul qui s'intéressait à moi », résume la solitude de ces enfants, persuadés que leurs parents ne peuvent pas les protéger.

De quoi témoignent-ils, tous ? De flatteries suivies de remarques dévalorisantes, de leur désir de revenir dans la position de valorisation première dont ils étaient l'objet et de la soumission qui s'ensuivait...

Que le pervers soit dans une position d'abus sexuel ou de maltraitance psychologique, son emprise n'est possible que grâce à la fragilité et à la vulnérabilité affective de l'enfant surdoué. Et l'intellectualisation ne peut pas sauver les victimes de cette emprise.

Notons que, lorsque le patient consulte, bien des années plus tard, il lui faut du temps pour parvenir à évoquer son traumatisme. Le souvenir ne surgit pas d'emblée, lors d'une première démarche thérapeutique. Un temps d'apprivoisement de la situation de cure, un transfert positif sont nécessaires pour débloquer le silence et permettre à la victime de revivre lucidement sa souffrance.

La naïveté de l'adulte surdoué en fait une « proie » privilégiée du pervers narcissique. Il mettra du temps à réagir. Possédant un sens poussé des valeurs, une haute idée de la justice, il ne peut pas penser que l'autre est capable d'agir autrement que selon ces principes. Il est alors à la merci d'individus peu scrupuleux. Pour peu que le pervers narcissique sache manipuler ses interlocuteurs, fasse preuve de logique et de bagout, le surdoué se laissera toujours convaincre. Mais, une fois la vérité dévoilée, la découverte de la trahison s'assortit d'une blessure particulièrement profonde.

Refréner son enthousiasme

L'adulte surdoué a une propension naturelle à attendre de l'autre bien plus qu'il ne peut donner. S'il a le sentiment joyeux d'avoir enfin un véritable ami, il devient étouffant et provoque la fuite de l'ami attendu ou il est déçu et s'enfuit. C'est lui, alors, qui blesse.

Se débarrasser des relations toxiques

« Avant, j'avais besoin de fusionner. Aujourd'hui, plus du tout. Ce lâcher-prise me fait un peu peur. J'ai l'impression que je suis seule avec moi-même, comme si j'avais coupé des liens qui me paralysaient, mais je suis plus heureuse », me dit Agathe, qui a compris que les amis ne s'achetaient pas, ni avec des cadeaux ni à force de soumission et d'attentes affectives.

Ces relations fausses sont bien plus douloureuses qu'une solitude modérée.

Les terrains de création de liens

Ne pas aller vers « le même », mais vers les points communs

Ce qui unit le plus durablement, c'est le partage. Une fois qu'il aura déterminé ses attentes, et laissé parler son vrai self sur ce qu'il aime et ce qui l'amuse, l'adulte surdoué pourra se consacrer à une passion bien ancrée chez lui. Ils ne manquent pas, ces *hobbies*, ni les clubs qui réunissent les aficionados : histoire, musées, philatélie, tauromachie, pétanque…

Épancher le trop-plein affectif

Trouver des associations ou des activités caritatives, c'est la solution choisie par le surdoué Bill Gates, fondateur de Microsoft. Par le don – de son temps, de son argent, de sa compassion – à des groupes particuliers de malades ou de handicapés, il a créé les liens qui manquaient à son équilibre, et des rencontres jusque-là inexistantes dans sa vie.

> « J'aimerais trouver une activité avec plus de stimulation spirituelle, quelque chose d'utile, travailler pour aider l'autre. »
>
> « Je désire faire bouger la société. Pour moi, tout passe par les images ; c'est à travers elles que j'aimerais faire passer mon message. »
>
> « Je voudrais créer des groupes de gens, des cercles où l'on débattrait sur des idées de toutes sortes. »

Ce choix connaît aussi des limites dangereuses : les sectes. Même dans l'activité d'un club de peinture, il faut veiller à ne pas se laisser dévorer par l'autre. Il faut apprendre à trouver la juste distance. Ne pas tomber dans le narcissisme et le surcontentement de soi.

Au travail : gérer les relations humaines

L'adulte surdoué doit se rappeler que toute personne travaillant dans une entreprise se heurte un jour ou l'autre, et parfois fréquemment, au comportement irrationnel de supérieurs hiérarchiques ou de collègues. Il ne doit pas s'y arrêter. Il vaut mieux traiter ces situations par l'humour que par le mépris et l'exaspération.

Le surdoué fait souvent preuve d'impatience. Il peut surréagir, il a bien souvent du mal à comprendre que l'autre est différent de lui et le jugera de « mauvaise foi ».

Il doit apprendre ce triptyque : savoir travailler avec les autres, savoir travailler pour les autres et savoir faire travailler les autres. Cela exige la mobilisation de ses meilleures forces intérieures : savoir recourir à autrui, savoir s'affirmer, et savoir agir. C'est essentiel pour établir des liens au moins harmonieux.

Laurence Saunder[1] souligne l'importance de savoir émettre une demande (bien formulée, à la bonne personne, au bon moment), et, si nécessaire, de la répéter plus tard.

Il est important aussi de savoir accepter, ou refuser une demande après avoir pris le temps de l'écouter et de la reformuler pour éviter les malentendus.

Il est important enfin de savoir énoncer une critique avec tact, mais aussi de savoir l'accepter.

Épancher le trop-plein créatif

« J'ai aujourd'hui trente et un ans, et je me noie sous un tas de matériaux. Je pratique la peinture, la sculpture, le théâtre, la musique, l'écriture, la photo… Je me définis comme un "polyartiste simple". J'ai rajouté le mot "simple" afin de ne pas être accusé de prétention. On me demande de choisir, et moi je ne peux pas. L'idée de devoir abandonner l'un de ces médiums me terrifie. Alors je fais tout, tout le temps, jusqu'à être surchargé de travail. Je suis intermittent du spectacle, je suis attendu sur mille fronts à la fois parce que je suis incapable de dire non, incapable de prendre le risque de passer à côté du bonheur. Pourtant, c'est exactement ce qui m'arrive. Je joue du cor et participe à des concerts depuis mon adolescence. J'ai, depuis quelques années, entrepris de peindre et la photographie maintenant me tente. On me dit touche-à-tout mais je sais que tout ceci est plus profond en moi et que ces supports sont vitaux pour moi. J'ai quitté une carrière de juriste pour me consacrer au chant lyrique à l'âge adulte.

---

1. Laurence SAUNDER, *L'Énergie des émotions*, Eyrolles, 2007.

Personne n'a compris cette décision, mais elle est pour moi irrévocable. Chanter c'est vivre, c'est donner corps à mon âme.»

À ceux-là, qui éprouvent le besoin irrépressible de créer, il faut conseiller des écoles d'art, ou la reprise d'études d'art, ou l'investissement de son temps dans l'enseignement bénévole, selon ses compétences, bien sûr... L'éminent Jean-Pierre Changeux, le promoteur le plus légitime et le plus ancien des neurosciences dans l'espace public, a longuement travaillé sur les relations entre l'art, la culture et la science. Ce scientifique attribue un rôle fondamental à l'art qui, vu depuis les neurosciences, peut jouer le rôle de «puissance d'unification sociale en lieu et place de la religion».

Rudyard Kipling n'écrivait-il pas : «Quand votre démon est à l'œuvre, ne pensez pas consciemment. Laissez-vous porter, attendez et obéissez»?

8.

La boîte à outils pour aider à la réparation du lien

Il existe bien sûr des « méthodes » que la science et la tradition mettent à la disposition de ceux qui souffrent pour trouver, voire retrouver, un équilibre et une harmonie avec le monde et la société qui les entourent. Pour autant, une mise en garde s'impose. Je l'ai dit : les méthodes collectives, comme on en propose aujourd'hui, me semblent les moins adaptées pour répondre au mal-être des adultes à haut potentiel. Non seulement parce que ces individus échappent aux standards qui ont dicté leurs règles à ces méthodes, mais encore parce que leur souffrance exige une écoute au cas par cas, qui ne peut se satisfaire de méthodes globales. En effet, même lorsqu'ils expriment les mêmes inquiétudes, les mêmes angoisses, il existe des différences dans la constitution identificatoire des adultes surdoués.

La prise en charge par une thérapie

« Votre discours a créé un raz-de-marée en moi. Au-delà de l'émotion, intense, je me suis sentie, pour la première fois de ma vie, identifiée. J'ai pensé d'un coup : "Je peux aller mieux."

Sans prétendre que je puisse être touchée de douance, j'ose vous dire que 80 % des mots que vous avez utilisés pour exprimer le ressenti de ces personnes semblaient être les miens – en particulier : “hypersensible”, “imposteur”, “solitude”, “perfectionniste”, dans mon cas tyrannique envers moi-même.

Certains de ces mots m'assaillent depuis ma plus tendre enfance, gravitant autour de la question : « Pourquoi j'existe ? »

J'ose vous contacter au risque de vous faire perdre votre temps, j'ose malgré la peur du ridicule et l'illégitimité dans laquelle je me sens, car, depuis que je vous ai écoutée, je me sens comme un diable qui veut sortir de sa boîte.

Alors que j'étais dans la survie depuis toute petite, puis en veille, comme un ordinateur inutilisé depuis mon mariage, aujourd'hui, tout semble vouloir sortir. Certes, c'est le printemps. Mais vraiment, après m'être sentie comme une intruse toute ma vie, le changement qui s'opère est pour moi une petite révolution. Je ferai tout pour avancer et surtout ne plus gâcher de temps à n'être qu'une ombre. Je vais bientôt avoir mon deuxième enfant et il est urgent que je sois tout entière à leur écoute. »

Chaque être humain exige d'être entendu, pas forcément approuvé, mais écouté. La lecture d'un texte où l'on se retrouve tout entier crée souvent cet effet. L'entretien avec l'analyste l'actualise. Je crois en effet, avec l'analyste Jean-Claude Lavie, que « ce n'est pas tant, comme on a pu le penser, la prise de conscience en elle-même qui peut soulager dans l'analyse, mais le fait d'avoir pu la socialiser dans la relation[1] ». Or toute thérapie qui est technique ne permet pas au patient, comme le fait la thérapie analytique au tra-

1. Jean-Claude Lavie, *Qui je ?*, Gallimard, « Connaissance de l'inconscient », 1985, p. 57.

vers du transfert, de se sentir entendu. Car, pour l'analyste, la parole du parleur actualise son désir ou sa crainte, sa soumission ou sa revendication, son espoir ou sa plainte. Sa parole n'est pas le simple énoncé d'une demande.

C'est pourquoi, de toutes les méthodes de la boîte à outils, l'écoute analytique est sans aucun doute la plus appropriée pour aider l'adulte à haut potentiel. Elle seule permet de socialiser la prise de conscience réparatrice du lien avec l'autre et avec le monde. Jean-Claude Lavie encore a écrit ces mots très éclairants sur cette question, que je me contenterai de citer : « Tout parleur se situe. La place qu'il s'attribue et celle qu'il attribue à l'autre, sans même y penser, sont dans sa parole [1]. » Quelle autre thérapie invite, de façon aussi flagrante, cette écoute non seulement de soi-même, mais de l'autre ?

Enfin, avant d'entrer plus avant dans le détail de cette prise en charge thérapeutique, il convient de redire que la douance n'est pas une pathologie. Elle ne nécessite pas systématiquement une prise en charge psychologique, ni même une démarche auprès d'un thérapeute spécialiste.

Nombreux sont ceux qui ont eu un parcours sans difficultés majeures. Depuis l'enfance jusqu'à l'âge adulte, ils ont évolué de façon confortable et positive. Leur réussite n'est pas, selon eux, le fruit naturel de dons exceptionnels, mais plutôt le prolongement logique d'un parcours gradué d'étapes qui ont nécessité certes de la passion, mais surtout des efforts, de la persévérance et de la résilience.

Tout aussi fortunés, certains ont connu une réussite fulgurante qui, à divers égards, a bouleversé leur vie. Ces changements brutaux, qui accompagnent tout succès professionnel,

1. *Ibid.*, p. 88.

ont eu sur eux l'effet d'un véritable raz-de-marée, auquel ils n'étaient pas psychologiquement et affectivement préparés. Très vite dépassés par ce bouleversement dans leur environnement social et leur mode de vie, ils ont adopté, pour toute réponse, des comportements extrêmes et parfois autodestructeurs. Le besoin d'un accompagnement en ces temps de « crise » se révèle pour eux capital. Souffrir de ses dons et de sa grande réussite ne peut toutefois être entendu par tous les thérapeutes, et la connaissance des spécificités de l'adulte surdoué est essentielle pour mener à bien ce type de prise en charge.

D'autres profils d'adultes surdoués peuvent encore être distingués :

– ceux qui, conscients de leur différence, de leur douance, n'ont pas reçu de leur entourage l'accompagnement adéquat et ont vécu à l'écart, solitaires, désireux d'être comme tout le monde ;

– ceux qui sont devenus leurs propres ennemis et qui ont toujours critiqué ce qu'ils étaient ;

– ceux qui n'ont pas su, et ont vainement tenté de se fondre dans la masse. Ils sont restés accablés par un profond sentiment d'échec.

D'autres ont déjà consulté mais sont restés frustrés par ce qui semblait être une issue prometteuse, mais malheureusement inadaptée à leur profil : « J'ai eu l'impression de recevoir un amuse-bouche et je suis repartie dans l'attente de bien plus. »

Beaucoup ont en effet passé un test de QI après s'être renseignés sur la douance, et n'ont pu aller au-delà des résultats. Ce fragment de réponse qu'ils ont reçu, loin de les aider à se comprendre, n'a fait qu'épaissir le brouillard dans lequel ils se meuvent. Souvent, ce brouillard s'est épaissi à cause d'un interlocuteur qui ne leur a proposé que des réponses théoriques et, par manque d'expérience clinique, s'est trouvé dans l'incapacité de leur apporter le soutien tant attendu.

Il y a, enfin, ceux qui, pour de multiples raisons, ont besoin d'engager une démarche thérapeutique avec un clinicien capable de faire la part entre ce qui relève du domaine de la psychopathologie et ce qui relève de la douance.

Les étapes de la prise en charge

• La première consultation, qu'elle soit motivée par une demande de test ou d'entretien, est essentielle pour la suite. En effet, l'appréciation des besoins du patient, et de la meilleure manière d'y répondre, se joue dans un temps limité. C'est dire si cette évaluation requiert une expérience clinique confirmée et certaines techniques d'analyse appropriées à la douance.

Bien que je croie en l'importance d'un test, et en la fiabilité de ceux qui ont été récemment mis au point, je reste persuadée que personne ne devrait s'y soumettre sans un entretien préalable. Lors de ce premier dialogue, le patient peut enfin mettre ses attentes et ses besoins à plat. Le clinicien, à la lumière de ce travail initial, peut déterminer quelle sera la meilleure façon de lui répondre.

Enfin, c'est lors de ce premier face-à-face que le clinicien saisit la dynamique psychoaffective propre au consultant. Cette évaluation sera essentielle pour le bon déroulement et pour le succès de la thérapie. Alors seulement, le clinicien sera en mesure d'adapter son approche et de choisir la meilleure méthode à proposer.

Souvent, le fort besoin d'autonomie des adultes surdoués leur interdit de consulter un professionnel. Je vois un trop grand nombre d'entre eux me demander une consultation parce qu'ils traversent une crise aiguë dans leur vie professionnelle ou familiale, parce qu'ils ne peuvent plus résister, victimes d'une profonde dépression, ou encore parce qu'ils sont plongés dans une période de somatisation. Quel dommage ! Je ne connais pas de patients plus complices du thérapeute dans leur démarche curative. Leur étonnante clairvoyance et la lucidité dont ils sont dotés leur sont des atouts formidables dans la construction d'un dialogue et dans sa pratique. S'ils ne perçoivent pas pourquoi ils souffrent, ils savent diagnostiquer leur douleur et ses effets. En parlant, ils nomment leur souffrance et, déjà, ils progressent sur la voie de la résilience. Nul autre patient n'est mieux outillé pour une analyse. C'est le message que j'aimerais apporter aux adultes surdoués qui hésitent à consulter.

Quant aux adultes à haut potentiel non identifiés comme tels, il y a une toute première et indispensable étape d'acceptation. En effet, beaucoup résistent à cette nouvelle, voire refusent d'y consentir. Comme toute révélation ou découverte tardive sur sa propre identité, celle-ci constitue un choc. La particularité d'être surdoué, si elle ne résume évidemment pas la totalité d'un individu, reste cependant une composante identitaire forte ; elle ne peut pas être considérée ni analysée comme un simple attribut. Le patient, qui, à la suite des tests de QI, se révèle être un sujet à fort potentiel, est alors confronté aux préjugés et aux stéréotypes qu'on attribue généralement au surdoué. Il éprouve de grandes difficultés à concilier ces stéréotypes avec l'image qu'il a de lui-même. Chez d'autres, la résistance à cette nouvelle a un lien avec la peur de ne pas être à la hauteur. Certains se sentent honteux, d'autres écartent l'angoisse d'avoir à assumer une supériorité.

Une fois que je leur ai expliqué qu'être surdoué ne signifie pas uniquement posséder des capacités cognitives exceptionnelles, mais que cela comporte également des traits de caractère et un fonctionnement émotionnel et affectif différents, leur résistance cède ; une nouvelle image d'eux-mêmes émerge. Il est important pour ces patients fraîchement diagnostiqués de comprendre les raisons pour lesquelles leurs talents n'ont pas été reconnus dans l'enfance, tout comme ce qui les a empêchés d'actualiser leurs dons à l'âge adulte. Parfois, ces raisons sont circonstancielles ; parfois, il s'agit de facteurs psychologiques. Il est dès lors nécessaire de les mettre à plat afin d'établir un support de développement dans le présent.

C'est que, dans leur grande majorité, ces patients ont besoin d'un soutien systématique pour réactiver leur créativité, étouffée sous une identité de façade. Ce faux self, ils s'y sont profondément fondus, dans l'espoir d'épouser une identité conforme à la majorité, aux critères d'excellence généraux et aux attentes de leur entourage.

Seule la thérapie permet de renoncer à cette identité en reprenant contact avec soi-même. En étant ressenti, le vrai soi apprend à sentir. En sentant, il apprend à identifier qui il est vraiment. Parce que quelqu'un l'accompagne dans l'exploration de sa souffrance, de sa perte de lien, le patient peut enfin réaliser quelles sont ses peurs profondes, ses résistances. Il parvient donc à ressentir authentiquement la vie. Ce lien profond avec le monde, enfin recouvré, lui permet de vivre authentiquement, au lieu d'être emprisonné par son esprit analytique et séparé de ses émotions. Alors, l'établissement d'un contrat avec les autres et avec lui-même devient possible.

J'insiste sur cette étape parce que, chez l'adulte surdoué non identifié, certaines barrières psychologiques lui interdisent l'accès à une vie créative.

Quelles sont ces barrières ?

– en premier lieu, *la honte*. « Être libre, c'est ne plus avoir honte », a écrit Nietzsche et il y a peu de groupes d'individus chez qui cette assertion frappe aussi fort, et aussi juste ;

– en deuxième lieu, *la destruction de l'estime de soi*, et ce dès l'enfance, comme on l'a vu précédemment. Pour la plupart, les défenses ont été construites très tôt dans leur existence, pour les protéger de l'expérience dévastatrice d'un événement « honteux ». C'est qu'avec leur tempérament plus sensible que la moyenne, toute blessure est ressentie plus douloureusement par les surdoués. Elle ne cicatrisera pas normalement. En réaction à une humiliation dans leur petite enfance, les surdoués se parent d'une armure pour se protéger de tout nouveau danger. Ce mécanisme de défense épuise leur énergie qui devrait s'investir dans d'autres directions. Toute prise de risque est écartée pour se préserver de toute possibilité d'échec, qui serait vécue comme une humiliation insupportable. Le besoin d'exprimer leur créativité est particulièrement intense chez de nombreux adultes surdoués. Quand ce besoin se heurte à une humiliation, il s'ensuit une profonde rage intérieure, une dépression, un désespoir, qui conduisent à des comportements autodestructeurs ;

– un nombre non négligeable de ces adultes a connu des enseignants ou parents qui considéraient leur précocité comme un problème de comportement qu'il fallait contrôler, discipliner pour devenir normal. Ceux-ci doivent non seulement réclamer leur identité de surdoué mais guérir de *la rage et de la souffrance.* Le thérapeute doit alors valoriser la douance et l'encourager à faire de même.

• Les premiers entretiens, souvent très intenses, sont décisifs. De ces moments dépend l'instauration de la confiance entre le patient et l'analyste, indispensable au progrès de la thérapie. Ces premiers échanges établissent la charte d'une alliance thérapeutique solide, qui vise à transformer ce temps de crise en une occasion de grandir et d'évoluer positivement.

La première tâche de l'analyste consiste à faire la part entre les symptômes propres au surdoué et ceux qui résulteraient d'un trouble de la personnalité. Sur ce point, il faut être extrêmement vigilant : en effet, il arrive qu'on puisse confondre certains comportements de la douance avec ceux d'un bipolaire en crise, d'un état limite ou d'un hyperactif, tout comme on peut négliger de percevoir des signes évidents de pathologie. Un adulte surdoué peut faire l'objet d'un double diagnostic et d'une double prise en charge. L'expérience clinique et l'appréciation des mécanismes de défense de la personne ainsi qu'un test de quotient intellectuel seront alors essentiels pour garantir le diagnostic.

Au moment de mettre en place une alliance thérapeutique, le clinicien prend soin d'exposer au consultant les caractères propres à la douance. Il dresse un portrait-robot de l'adulte surefficient à partir duquel il peut clarifier les objectifs de la thérapie. Au cours de cette étape, le patient est, de son côté, amené à évoquer ses aptitudes particulières, sa sensibilité, ses difficultés et ses angoisses. C'est le moment, pour ceux qui ont du mal à accepter leur appartenance à la catégorie des surdoués, de comprendre ce qu'est l'expérience interne de la douance. C'est encore au cours de cette étape que le patient réalise qu'il a la possibilité d'attendre bien plus de sa thérapie qu'un simple soulagement, ou la disparition d'un symptôme, et qu'une analyse peut lui offrir la possibilité d'un travail en profondeur sur lui-même.

L'enjeu, en ce début d'accompagnement, est d'explorer les expériences actuelles et passées du patient, et de comprendre leur interaction. Dès lors, le consultant formule ce qui a pu contribuer à ses symptômes – angoisses, peurs, colères – et déclencher ses plaintes et ses difficultés.

Une fois les forces et les vulnérabilités établies, le patient commence à entrevoir ce qui a causé les conflits auxquels il est confronté, et en quoi ces conflits influencent son mode de pensée et son ressenti, et jusqu'à son comportement avec son entourage – en vérité, tout ce qui lui pose problème et contribue à sa souffrance.

• Cette reprise méthodique de l'histoire du surdoué est essentielle. D'une part, elle a une vertu apaisante. Le patient peut enfin mettre à plat, et dans un ordre chronologique, ce qui lui est arrivé jusqu'à l'instant où il a décidé de consulter. D'autre part, elle jette un premier éclairage sur son fonctionnement psychologique.

Je ne dirai jamais suffisamment combien il est important, en début de thérapie, d'aider ces patients à explorer et à définir leur conception de la douance, tout autant que d'analyser et de comprendre leur réponse émotionnelle à cette vision.

En revenant sur le passé avec objectivité, ils commencent à percevoir qu'ils n'étaient pas les imposteurs ou les rêveurs qu'ils se reprochaient d'être. Ils comprennent qu'en persévérant dans leurs attentes, dans la passion qui était la leur quand ils étaient enfants – une passion qu'ils ont enfouie et qu'ils viennent de remettre au jour –, ils parviendront à réaliser leurs rêves, pour autant qu'ils seront capables de consentir à des sacrifices et de travailler assidûment.

Il y a un premier grand tournant dans le cours de l'analyse : le moment où l'adulte surdoué prend conscience que sa médiocre efficacité au travail ou son manque de réussite dans ce qu'il a entrepris jusque-là ne sont pas la preuve d'un talent inexistant ou d'une vocation qui n'aurait pas survécu au temps, comme ils sont enclins à le penser, mais résultent du désaveu systématique et souvent inconscient de leur surefficience ou du dénigrement de leur propre potentiel.

Ils comprennent avec lucidité le processus qui les a conduits à l'impasse : enfants, ils étaient sûrs de leur valeur, et persuadés que leurs dons étaient tout ce dont ils avaient besoin pour réussir. Au lieu de demander de l'aide le jour où ils se sont sentis bloqués, ils ont décidé de remettre leur effort à plus tard. Puis, plutôt que d'admettre qu'ils se sentaient dépassés et qu'ils avaient besoin d'un appui, ils ont rationalisé la diminution continue de leurs réussites en invoquant l'inexplicable disparition de leur magique capacité à apprendre.

• Au fur et à mesure que le dialogue s'instaure avec le clinicien, ces adultes surdoués abandonnent enfin leur vieille conviction qu'ils peuvent réussir à dépasser leurs problèmes et leurs souffrances tout seuls, en totale autarcie. Ils admettent enfin leur besoin de l'autre et leur dépendance vis-à-vis de leur entourage. Alors, ils commencent à laisser graduellement tomber leur assurance de façade, construite sur le mode «Je n'ai besoin de personne». À ce stade du travail d'introspection, leurs interrogations, leurs examens de conscience, l'analyse de leurs affects enrichissent la thérapie. Ils peuvent commencer à profiter de tous ses bienfaits.

C'est qu'enfin ils n'ont plus à faire face, seuls, à leurs conflits internes. Ils réalisent, non parfois sans une certaine amertume, que les évitements, les dénis et autres tentatives pour éliminer leurs angoisses et leurs déchirements intimes ont nui à leur potentiel, bien plus que n'auraient pu le faire les petites atteintes à leur autonomie que représente une demande d'aide extérieure.

Enfin, ils peuvent prendre conscience que, contrairement à ce que leur inculque l'opinion publique, les aptitudes « extra-cognitives » de leur douance sont plus souvent sources de conflits et d'angoisses que de réussite insolente et d'aisance en privé comme en société. Ce qui leur a fait prendre conscience de leur différence, ce n'est d'ailleurs pas cette splendide réussite, s'ils la connaissent, mais bien plus une aptitude à établir des analogies surprenantes, une capacité à « lire les autres » avec une désarmante perspicacité, ou encore l'étonnement qu'enfants ils suscitaient chez les grandes personnes, alors qu'ils énonçaient innocemment des idées. Cette partie de leur douance leur semblait fonctionner selon de mystérieuses règles. La curiosité, l'imagination, l'inspiration, la sensibilité échappent en effet au monde de la logique. Elles n'ont d'ailleurs jamais cessé d'être l'objet d'enquêtes, depuis les grandes philosophies antiques jusqu'aux neurosciences d'aujourd'hui. Ces qualités facilitent le fonctionnement intellectuel et y concourent, mais, inhibées, elles donnent au patient le sentiment que l'essence même de son être s'est évanouie. Dans ce cas, l'estime personnelle et l'assurance souffrent beaucoup. Lorsque leur faculté intellectuelle ainsi que leur extracognition fonctionnent en synergie, les résultats peuvent être remarquablement brillants. L'expérience même de la mise en branle de toutes ces facultés, ces surdoués la qualifient volontiers de spirituelle, voire de quasi mystique.

L'objectif de la thérapie est de rétablir cette synergie. Dans la dernière phase de l'analyse, l'adulte surdoué parvient enfin à explorer les différents éléments de son capital extra-cognitif. Il prend conscience de la manière dont ces éléments ont pu entrer en conflit. Il réalise comment sa facilité à raisonner et à apporter des solutions rationnelles pouvait, paradoxalement, s'opposer à l'exploration plus en profondeur de ses possibilités.

• La phase finale de la thérapie aide les adultes surdoués à utiliser à la fois leur pensée analytique et leur intuition pour identifier et résoudre les problèmes complexes induits par leur différence.

> « Dans mon nouveau travail je me suis prouvé que j'étais capable de bien faire. Aujourd'hui, l'intellect et les émotions se complètent et me donnent un pouvoir de conviction », témoigne Éric.

Les bienfaits de la thérapie

Au cours des dernières années, j'ai eu le plaisir de travailler avec des artistes talentueux, des écrivains, des scientifiques, des hommes et des femmes engagés dans les activités professionnelles les plus diverses. J'ai travaillé avec ceux qui étaient hautement performants dans leurs domaines et ceux dont la douance avait été méconnue, masquée, sous-utilisée ou dont l'épanouissement avait été bloqué.

Un nombre non négligeable d'entre eux avait déjà une expérience de thérapie et avait ainsi acquis une compréhension de ce qui posait un problème psychologique. Cet acquis n'est pas une condition essentielle pour commencer un travail, mais il y aide et, comme je l'ai dit précédemment, il fait de ces consultants des patients idéaux. Leur perfectionnisme – appliqué à leur développement personnel –, leur courage, leur intégrité, leur capacité à se focaliser et leur énergie permettent un travail plus rapide et plus riche. Admettons-le, ces consultants représentent un défi des plus intéressants pour le thérapeute.

La thérapie rend certains de ces patients attentifs à la petite voix critique qu'ils étouffaient ; elle apprend aux autres à se détendre et à oublier le censeur qui veille en eux et brise toute initiative et toute originalité, tout élan spontané au nom d'une rigueur excessive.

Les patients qui se savent surdoués peuvent aussi être radicaux et intraitables quand il s'agit de leurs idées et de leur vision. La thérapie pourra leur apporter une aide dans ce domaine et leur apprendre à mieux collaborer avec leurs pairs, que ce soit dans des domaines artistiques ou dans tous les autres champs d'activité.

Dans les quelques cas où les surdoués deviennent célèbres, ils peuvent être débordés par les attentes du public, par la perte de leur vie privée, et craindre une humiliation publique au moindre écart amplifié par les médias. Le thérapeute doit aider ces patients à mettre en place un mode de vie gérable qui leur permette de maintenir un espace privé satisfaisant et de se consolider face à la critique ainsi qu'à la pression familiale. C'est une démarche patiente et délicate parce que les artistes surdoués cherchent en général plus intensément que les autres la reconnaissance du public, qui dynamise le processus créatif. Ils ne peuvent se dépasser que lorsqu'ils constatent la valeur de leur travail et voient leur talent encensé. C'est pour cela que certains artistes ne peuvent pas se passer de la scène ni du contact avec le public, quand bien même les deux les fatiguent et les fragilisent.

Le danger qu'ils courent alors est d'oublier de focaliser leur créativité sur un projet, qui serait une source de joie tout au long de leur parcours, et de préférer attendre ou rechercher le « contrat du siècle ». S'il ne vient pas, ces artistes à haut potentiel sombrent dans l'aigreur et le ressentiment – ce qu'on appelle autrement, selon La Fontaine, le « syndrome des raisins trop verts ».

Le travail de l'analyste consiste toujours pour une part à amener le patient à reprendre contact avec l'enfant intérieur et à mettre en place le processus de réparation de cet aimable et merveilleux enfant surdoué. L'adulte sur le chemin de la réconciliation devient en quelque sorte un bon parent pour lui-même.

De nombreux adultes surdoués n'atteignent pas leur plein potentiel parce qu'il n'y a pas, dans leur milieu, d'invitation culturelle à le faire. La thérapie procure cet environnement propice. Dans l'analyse, chaque homme, chaque femme est encouragée à bâtir un mode de vie qui soutient ses besoins créatifs. Ces patients partagent souvent l'idée, même quand ils se l'interdisent à eux-mêmes, que la créativité est précieuse et permet de contribuer à l'amélioration de la société.

Qu'entend-on par thérapie spécifique à l'adulte surdoué ?

Si le thérapeute se doit d'avoir une formation clinique, il est essentiel qu'il soit informé sur la douance et ses multiples facettes. Il doit accepter de voir ses propres capacités intellectuelles être mises à l'épreuve par la rapidité et la complexité du raisonnement de son patient.

Par ailleurs, sa position ne peut être purement classique. Son mode d'intervention devra s'adapter aux besoins rencontrés au cours de la thérapie. Celui-ci se révélera nécessaire autant pour ceux qui ont rapidement réussi et qui doivent faire face aux changements profonds de leur vie et de leurs relations, que pour ceux qui ont perdu de leurs performances à cause de leur incapacité à résoudre les conflits survenus aux moments-clés de leur développement personnel.

Malgré leurs différents héritages culturels, leurs différentes personnalités, et leur façon unique d'exprimer leur douance, les adultes surdoués ont presque tous engagé un travail à un moment de crise.

Mes formations complémentaires de psychologue clinicienne et de psychanalyste m'ont été précieuses dans ma confrontation avec ces personnalités hors du commun, alors au summum de leurs problèmes et de leur souffrance. Il m'a bien fallu mes vingt ans d'écoute et de pratique avec ces enfants et ces adultes surdoués pour acquérir une pleine souplesse de fonctionnement, sans pour autant oublier mes références théoriques. Tous les cliniciens qui, comme moi, ont travaillé avec ces patients savent qu'une approche bienveillante mais distante ne donne aucun résultat.

Si mon travail consiste à prendre du recul, à observer, comprendre, clarifier et interpréter le contenu de l'entretien, une certaine interactivité, une approche vivante – qui peut prendre par moments une allure de *coaching* –, sont indispensables pour que le travail soit bénéfique à ces patients si particuliers.

L'enfant intérieur en détresse a besoin d'apprendre à sentir et à ressentir ; il doit pour cela trouver dans le cabinet du thérapeute le contexte favorable nécessaire à son entreprise de connaissance personnelle.

La promesse des neurosciences

« Les mécanismes complexes de pensée, le langage, le raisonnement logique, les capacités mathématiques, la conscience, incluant émotions et sentiments, ont été des questions longtemps réservées aux philosophes ou aux psychologues. Mais l'alliance récente de la psychologie cognitive et de l'imagerie cérébrale marque les premiers pas d'un programme d'étude associant psychologues et spécialistes du cerveau. Cette collaboration ne se limite pas à un échange de connaissances et à un enrichissement de la culture générale : aujourd'hui, les connaissances acquises changent notre rapport avec le monde. Nous découvrons l'intimité psychologique du cerveau humain et ses potentialités : ces données jettent un nouvel éclairage sur l'individu et la société », a écrit, il y a douze ans déjà, le psychologue Olivier Houdé[1].

L'évolution de la société ne l'a pas démenti. Nous sommes entrés dans l'ère du transhumanisme, symbolisé par le signe H+. Cette discipline prône l'usage des neurosciences pour améliorer la psychologie et les performances intellectuelles de l'humanité. Nous savons déjà ce que la science met à notre disposition dans ce but : cellules souches, robotique, nanotechnologies, études poussées

1. Olivier Houdé, Jacqueline Bideaud, Jean-Louis Pédinielli, *L'Homme en développement*, PUF, 2004.

du cerveau par IRM et découvertes chimiques des neuropotentialisateurs.

La mode est donc aux neurosciences dont on attend, de plus en plus, une solution à toutes les questions que se pose encore l'individu, et avec d'autant plus d'enthousiasme qu'elles semblent apporter une réponse scientifique au désir de réussite sociale et financière que manifestent les demandes exponentielles de développement personnel. Elles répondent aussi à la demande grandissante de méthodes promouvant l'épanouissement personnel et l'idéal d'un individu autonome et autogéré.

Dans cette perspective, Alain Ehrenberg écrit que « les raisons sociales du succès populaire des neurosciences tiennent alors moins à leurs résultats scientifiques et pratiques qu'au style de réponse apportée aux problèmes posés par notre idéal d'autonomie individuelle généralisée. Elles permettent aujourd'hui de consoler ceux qui, en réalité la plupart d'entre nous, ont des difficultés à faire face à ce monde de décision et d'action qui s'est édifié sur les ruines de la société de discipline, celle qui connaissait ce respect de l'autorité dont la perte fait l'objet de lamentations quotidiennes. Mais les neurosciences suscitent également l'espoir que soient fournies à chacun des techniques de multiplication des capacités cognitives et de maîtrise émotionnelle, également indispensables dans un tel style de vie[1] ».

Cet idéal social d'autonomie individuelle repose sur des postulats relatifs à la *possibilité* d'explorer les ressorts de la subjectivité, à la *possibilité* d'utiliser cette connaissance pour la gestion de soi-même et à la *nécessité* de promouvoir

1. Alain Ehrenberg, « Le sujet cérébral », *Esprit*, novembre 2004.

ces procédures dans une visée normative du social, autant de données de fond reflétées par la production culturelle contemporaine et que le neuroscientisme contribue à revivifier ou à légitimer.

Je tiens, comme clinicienne, à souligner qu'il y a là une dérive grave. Elle consiste à penser que l'argent ou la réussite sociale sont les moyens de remplir le vide spirituel dans lequel nous plonge notre mode de vie. Mais comment s'étonner de cette tendance, puisqu'elle correspond à la mise en avant de plus en plus radicale du cerveau comme outil de réussite et de considération matérielles ? Il suffit d'observer la demande exponentielle des tests de QI des parents pour leurs enfants pour s'en convaincre. Or, à côté de cette demande, on assiste à la construction d'un discours « de vérité » sur le cerveau par les neurosciences. Discours de vérité scientifique, il va sans dire. Et partant, au transfert du discours scientifique dans l'espace public où il est interprété sur le mode psychologique et vulgarisé pour satisfaire, chez l'individu, la quête de réussite.

Or l'augmentation des performances n'implique pas une intégration sociale plus harmonieuse : devenir plus performant n'est pas devenir plus intelligent, ni plus humain. Surtout, c'est oublier qu'il n'existe pas de recette miracle en matière d'humanité, c'est occulter combien chaque être est unique et singulier, c'est nier que sa richesse naît de la complexité de son caractère, à nul autre comparable.

Une société où le bonheur individuel n'est plus un objectif, une aspiration naturelle, mais un droit exigé par les individus, auquel on attribue des comportements et des accessoires (la piscine, la voiture, les voyages, la jeunesse et le dynamisme) est une société totalitaire. Déjà, Aldous

Huxley en avait fait le sujet de sa contre-utopie *Le Meilleur des mondes*.

Et encore, il faut savoir distinguer le bien-être que procurent parfois le tranquillisant ou le verre d'alcool, du bonheur qu'on associe à la réalisation effective d'un objectif désiré.

Or il est rare que ces aspirations soient les mêmes chez l'individu moyen et chez celui à haut potentiel intellectuel. Il semblerait que, chez le second, il y ait, du fait de la douance, une inquiétude chronique, née de son extrême sensibilité et de son empathie avec l'univers, ainsi que de son hyperactivité cérébrale. Dans un monde où la souffrance et l'anxiété sont de moins en moins bien supportées, il se peut que le surdoué finisse par ressentir son tempérament anxieux comme une sorte d'« anormalité ».

De même, l'aspiration au dépassement de soi, endémique aux surdoués, ne peut se déployer si le surdoué n'accepte pas sa forte personnalité, celle-là même que lui conteste son entourage. Enfin, sa capacité d'aimer intensément est inévitablement contrebalancée par une aptitude à souffrir intensément. Alors que toutes les tendances de la société encouragent le développement d'un individu narcissique à l'extrême, qui n'a plus d'autre ambition que son bien-être immédiat et son contentement régulier, dans l'absence de contraintes, l'adulte surdoué, en carence aiguë d'estime de soi, se sent plus encore rejeté. Dès lors, pourrait-il, seul, renouer un dialogue fructueux avec lui-même, rejeter sa souffrance et trouver sa voie, alors que l'incitation à l'exhibitionnisme et au narcissisme a mis en panne toute dynamique sociale – celle qui a toujours permis aux cultures et aux sociétés de travailler pour le bien-être général selon des valeurs éthiques de liberté, de justice et de vérité, selon l'idée et la recherche d'un avenir plus radieux pour leurs enfants ?

La méditation en « pleine conscience »

Très à la mode, elle repose sur cette hypothèse : et si les clés de notre rapport aux autres et, par voie de conséquence, de notre bonheur, étaient à chercher ailleurs, autrement, à savoir dans la prise de connaissance des mécanismes neurologiques et psychologiques qui nous gouvernent ? Si nous étions plus heureux dès lors que nous aurions connaissance de l'origine de nos désirs, de nos pensées et de la motivation de nos actes ? Dès lors que nous saurions clarifier une éthique personnelle qui nous donnerait une référence solide pour construire notre vie en toute liberté, reprendre pied, reprendre confiance en nous et, ainsi, avoir la capacité de recréer un lien avec les autres, sans nous trahir par une imitation incontrôlée des modèles servis par les médias et la publicité ? Il s'agit alors de prendre conscience des clichés qui pèsent sur nous en étudiant le fonctionnement de notre esprit, pour tenter de nous reconstruire en « toute liberté ».

C'est là qu'intervient le travail de pleine conscience (*mindfulness*). Il repose sur des techniques particulières de visualisation de nos pensées, de nos émotions, de nos humeurs. Nous serons alors à même de comprendre le fonctionnement de notre cerveau. Nous pourrons même, promet cette méditation, et très progressivement, repérer les conditionnements et les influences qui pèsent sur nos vies.

Enfin, conscients de nos modes opératoires, nous aurons le pouvoir de nous choisir et de déterminer qui nous voulons être réellement.

Pour commencer à produire des résultats, un temps de travail systématique sur soi-même est nécessaire. Cette technique, qui me semble intéresser davantage les adultes désireux de tenter de nouvelles approches de connaissance d'eux-mêmes et de recherche d'équilibre et d'harmonie, ne me semble pas adéquate pour les surdoués en souffrance. Sa pratique en groupe, de plus, ne peut correspondre aux besoins d'un individu singulier dont la particularité est d'être unique.

En résumé

• Les adultes surdoués ont à chercher les clés d'un rapport harmonieux avec le monde, et par voie de conséquence les clés de leur bonheur, dans des voies qui leur sont à la fois propres et exclusives :

– par la prise de connaissance des mécanismes neurologiques et psychologiques qui les gouvernent, par la connaissance de l'origine de leurs désirs, de leurs pensées et de la motivation de leurs actes ;

– par la renonciation à la souffrance, la compréhension de la nécessaire résilience ;

– par la clarification d'une éthique personnelle – le lien, le don, la générosité – qui leur donnera une référence solide pour construire leur vie en toute liberté et reprendre pied.

• La reprise de confiance en eux passe aussi par une redéfinition de la réussite (renoncer à vouloir à tous crins adopter les standards des autres) : ce qu'on appelle aujourd'hui le principe de « sérendipité » ou « zadigicité ».

Les adultes surdoués doivent garder à l'esprit qu'être libre, ce n'est pas se débarrasser de toutes les influences qui pèsent sur eux, c'est simplement en avoir conscience et pouvoir choisir de les assumer ou pas.

C'est en reprenant confiance en eux qu'ils pourront recréer un lien avec les autres, sans se trahir par une imitation incontrôlée des modèles qui leur sont imposés par les médias ou la publicité.

• Ils doivent choisir de se reconstruire en toute liberté.

Ils doivent accepter de mettre au jour progressivement leur conditionnement et de découvrir en toute honnêteté les influences qui pèsent sur leur vie. Conscients de leur mode opératoire, ils seront alors à même de choisir qui ils sont vraiment, en-dehors de cette seule définition de la douance, et ce qu'ils veulent être réellement.

• Pour obtenir leurs premiers résultats, ils doivent faire un effort systématique de travail, qui leur permettra déjà de sentir un changement profond dans leur approche d'eux-mêmes et de leurs relations avec les autres, à savoir :

– plus d'estime, de confiance en eux ;
– plus de stabilité émotionnelle ;
– plus de clarté dans leurs relations avec les autres ;
– une meilleure compréhension de leur faux self et de son influence sur eux.

• Ils doivent consentir à un travail de réflexion sur leurs relations avec différents groupes-clés – famille, travail, amis.

En entreprise, il faut savoir changer de point de vue, comprendre que les personnes ayant des responsabilités hiérarchiques ne sont pas extérieures aux problèmes mais, qu'étant dans l'entreprise, elles en font partie. Comprendre, en fait, que « faire partie du problème, c'est aussi faire partie de la solution ».

C'est ainsi, par un travail sur eux-mêmes, qu'ils changeront la qualité de leurs relations avec les membres de leur cercle professionnel, et qu'ils amélioreront la communication générale.

C'est la qualité de cette communication qui, conditionnant le niveau de confiance réciproque, permettra d'apaiser le climat affectif avec leur entourage.

• Une fois ce travail fait, ils devront apprendre à développer ce lien avec le monde, par l'intelligence émotionnelle et par l'intelligence créative.

• Et enfin, il leur faudra relire de temps en temps cette magnifique page du philosophe Vladimir Jankélévitch : « L'âme souffrante a juste ce qu'il faut de conscience pour que son affection lui soit objet, pas assez cependant pour que cette affection ne l'intéresse plus : elle va et vient, affolée, entre le "savoir" et le "subir". De là cette espèce de lucidité cruelle, stérile et monstrueuse, qui est propre à la douleur – physique ou morale. Il y a dans la douleur une certaine concentration de conscience, une sorte de vaine rumination qui sont étrangères à la joie ; la conscience heureuse jouit de soi parce qu'elle triomphe de soi, parce qu'elle s'évade – sans s'oublier – en actions enthousiastes. Autant la joie est faite pour l'aventure, autant la douleur se complaît dans les délibérations interminables ; et plus elle s'y enlise, plus elle les savoure : on dirait qu'elle y trouve une sorte de délectation spéciale[1]. »

1. Vladimir JANKÉLÉVITCH, *op. cit.*

Conclusion

Je ne dirai jamais assez combien j'ai été frappée, au cours de mes années de pratique, par le nombre croissant d'adultes – surdoués ou non – qui viennent me consulter parce qu'ils souffrent, parce qu'ils ne parviennent pas à sortir de leur souffrance et, enfin, parce qu'ils éprouvent une honte (donc une souffrance supplémentaire) à souffrir.

Je ne dirai jamais assez combien la solitude de ces femmes et de ces hommes est profonde quand ils souffrent, et combien elle se double et se complique du sentiment d'être incompris, qui provoque chez certains une réclusion volontaire dans leur souffrance même.

Comment pourrait-il en être autrement ?

Au fur et à mesure que la société s'atomise et se mondialise, que s'accélèrent les mutations des structures sociales, les individus subissent les conséquences de la perte de leurs repères – sociétaux, moraux, spirituels. Dans le même temps, dans une sorte de paradoxe schizophrénique, cette même société leur enjoint d'être heureux malgré l'inquiétude légitime qu'ils peuvent ressentir face à ces bouleversements profonds. Inquiétude, quand il ne s'agit pas d'angoisse à se sentir sans points d'appui ni références.

C'est ainsi que le bonheur, autrefois une aspiration, puis un droit, est devenu aujourd'hui une obligation. On ne compte plus les pratiques *feel good*, les méthodes Coué du bien-être, du yoga aux groupes de méditation ou les manuels de chasse au bonheur, des exercices de pensée positive aux recours au philosophies à la Ralph Waldo Emerson.

À l'heure du bonheur comme mot d'ordre, la souffrance finit par attirer l'antipathie du plus grand nombre sur sa proie, suspectée de complaisance. Celle-ci devient le grain de sable dans les rouages de la société matérialiste qui s'est petit à petit mise en place. Le souffrant perturbe la *doxa* qui voudrait que la réussite matérielle et la jouissance immédiate des nouveaux biens de consommation (les voyages, les tablettes électroniques, les rencontres amoureuses promises par des applications spécialisées) soient nécessaires et suffisantes pour remplir nos vies et nous procurer le bonheur. Aujourd'hui, tout souffrant est une Cassandre en puissance et, s'il souffre quand il n'a aucune raison « objective » de le faire, telles que les détermine notre société épicurienne et ultralibertaire, il est culpabilisé de souffrir.

C'est que la société est bien déterminée à ne pas s'encombrer d'états d'âme sur la violence, le chaos et les famines secouant un monde qui bascule dans un type de civilisation tout à fait inédit. Celui qui souffre est l'empêcheur de tourner en rond. Il est celui qui oblige à l'empathie, à l'écoute, à donner son temps – autant dire, à tout ce qui n'est plus acceptable en ces temps où les médias conseillent, pour réussir, de se débarrasser de toutes les relations fondées sur l'entraide amicale et gratuite, considérées comme chronophages et « toxiques ».

Dans cette population des souffrants mal tolérés par leur entourage, des souffrants chroniques, il y a beaucoup d'adultes surdoués. Leur mal-être est d'autant mal entendu qu'ils ont, en apparence, tout pour réussir – quand ils n'ont pas, de fait, gagné les meilleures places, que la majorité leur envie.

Cette souffrance psychique, que le sociologue Didier Fassin désigne comme « une manière particulière de souffrir par le social, d'être affecté dans son être psychique par son être en société[1] », a des racines profondes, plongées dans le terreau de l'enfance. Elles innervent tous les domaines de la vie – familial, professionnel, affectif. Cette souffrance tient surtout à la différence intrinsèque de ces individus par rapport à la norme, qui les a poussés, pour survivre et tenter de s'adapter, à se cacher derrière un masque. C'est que, pour exister, quoi qu'il ait reçu de talents ou de surefficience intellectuelle, le surdoué a, comme tous les hommes, besoin de l'autre et de sa reconnaissance.

Lorsque nous souffrons, nous parvenons la plupart du temps à surmonter notre souffrance et à nous reconstruire, parce que nous trouvons un sens au monde, et une voie pour nous y adapter, et, enfin, parce que ce sens et cette voie sont partagés par tout notre entourage. Pour l'adulte surdoué, nous l'avons vu, la résilience et la réintégration au monde sont beaucoup plus difficiles, et beaucoup plus problématiques : sa voie est rarement celle des autres, tout comme son mode d'expression et ses clés de lecture.

Dès lors, confronté à une solitude abyssale, que rien ne guérira jamais du fait de sa différence, le surdoué devra faire

1. Didier Fassin, « Et la souffrance devint sociale », in *Critique*, n° 680-681, Minuit, 2004.

son deuil du bonheur grégaire. C'est ainsi que la philosophe – ô combien surdouée – Simone Weil dut douloureusement renoncer à son rêve d'être acceptée dans des communautés qui la fascinaient – membres d'une entreprise, ouvriers de la mine, syndicats ou partis politiques : tous la considéraient comme une Martienne et ce surnom, acquis pendant ses études, lui resta. Finalement, elle consentit à sa différence et à sa solitude. Elle s'accepta, puis laissa se déployer en elle ce qu'elle cherchait chez les autres : une spiritualité profonde. Elle s'adonna à l'écriture d'une œuvre magistrale sur la question de l'enracinement d'un être dans l'époque, la culture et la société qui l'entourent. Le sens que ces deux activités donnèrent à sa vie recréa un sens à son destin.

Être un Martien, c'est la première chose que doit accepter l'adulte surdoué en souffrance. Quoi qu'il dise, quoi qu'il fasse, quel que soit le masque qu'il s'astreindra à porter, il sera toujours l'être singulier, doté d'une perception particulière et unique et qui manquera de miroirs pour trouver un ami ou un modèle à son image.

Mais être différent n'implique pas nécessairement qu'on soit malheureux ! Bien au contraire, ces êtres différents ont un potentiel fantastique qui les autorise à répondre aux défis les plus grands, à s'engager dans les voies les plus étroites. Leur surefficience intellectuelle les rend particulièrement aptes à saisir les données de ce monde qui s'impose à nous, sans qu'aucun de nous ait l'impression de l'avoir choisi, ni ne soit vraiment sûr de l'aimer. Leur intelligence rationnelle, alliée à leur intelligence créative, l'arborescence de leurs pensées restent les meilleurs outils pour que le puzzle de ce nouveau *modus vivendi* trouve son mode d'emploi, et que chacune de ces pièces trouve sa place.

Voilà ce que j'aimerais dire aux adultes surdoués en conclusion de cet ouvrage : la clé de l'avenir est entre leurs mains, pour peu qu'ils acceptent de sortir de leur souffrance, aussi douloureux que soit ce processus.

Voilà ce que j'aime leur répéter, et qui est le fond de cet ouvrage : la souffrance n'est pas leur marque, pas plus qu'elle n'est une fatalité. Pas à pas, aidés par un clinicien et par l'indispensable complicité de leur entourage, ils franchiront toutes les étapes de la résilience.

« Pour quoi faire ? » me demandent parfois certains. À quoi sert de repérer les déclencheurs et de connaître les raisons profondes de notre souffrance, si nous devons continuer à souffrir ? À quoi sert d'être résilient ?

Je réponds alors ce que soulignait le cardinal Henri de Lubac quand on lui vantait les mérites du vide intérieur propre au bouddhisme : cela ne sert à rien, si on ne s'emplit pas d'autre chose. Se vider de sa souffrance ne sert à rien si on ne désire pas s'emplir de l'amour du monde, d'affection pour l'autre, de charité, et d'empathie avec la création. Seuls ces éléments sont capables d'apaiser ce qui constitue le summum de la souffrance psychique : l'absence de lien avec les autres et avec le monde, la rétractation de l'être dans sa souffrance.

Comment, une fois résilient, trouver cet amour ?

Comment restaurer ce dialogue avec cette altérité indispensable à notre survie, à notre bien-être, à notre épanouissement et à notre nécessaire estime de nous-mêmes ?

Dans l'action. Dans la mise en actes de ses préférences et de ses dons. « Il n'y a pas d'amour, il n'y a que des preuves d'amour », avançait Jean Cocteau. À mon tour, j'oserai dire qu'il n'y a pas de guérison s'il n'y a pas de lien sain et vigoureux avec le monde ; et il n'y a pas davantage de surdoués s'il n'y a pas l'expression de leur surdouance.

Quel que soit son domaine de prédilection – la cuisine, l'écriture, les mathématiques, le droit, la danse, le caritatif… –, il suffit d'oser, dans sa vocation. C'est là que le lien se construira, avec ceux qui la partagent, avec tous ceux qui entendent mener une mission à son terme et désirent dialoguer sur la passion qui les anime. Dans le don de soi, chacun trouvera son équilibre, et une harmonie avec un entourage choisi, parce qu'en empathie avec l'essence de son être. Sans être jugé à l'aune exclusive de son QI. Sans être jugé davantage à travers la petite lentille de leur différence.

Et toujours en se répétant que l'intelligence – toutes les intelligences, quelles que soient leurs formes – n'est pas une vertu. Ce qui l'est, c'est ce qu'on en fait, lorsqu'on s'astreint à construire bénéfiquement pour son entourage, et donc pour soi-même…

Table

Prologue 9

Introduction 11

Préambule : Bref rappel des caractéristiques de l'adulte surdoué, ou à haut potentiel 17

1. Une souffrance spécifique 21

Une différence radicale 21
Différence = souffrance, une fatalité? 24

2. La souffrance dont se plaint l'adulte surdoué 27

La solitude 28
L'absence de liens fructueux avec les autres 33
Le manque d'amours et d'amitiés 35
L'incompréhension de la société et de son évolution 37

3. Comment sortir de sa souffrance? 43

La souffrance comme identité 43
Évaluer son rapport personnel avec la plainte 49
Accepter de renoncer à sa souffrance 55

4. La résilience 59

Qu'est-ce que la résilience? 59
Profil et portrait du résilient 64
Les mécanismes de défense du résilient 70
L'assistance à la résilience 75

5. Renouer avec soi-même 81

Le dialogue intérieur 81
Faux self, vrai self 82
Trouver les ressources et la méthode 96
Repérer ce qui a aggravé sa souffrance 102
Accepter de revivre sa souffrance pour la dépasser 105

6. Opérer une mue 109

Les atouts, les moyens 109
Les erreurs à éviter 115
Une liste des obligations vis-à-vis de soi-même 128
Apprendre à s'aimer 131

7. Les méthodes et les dangers 135

L'intelligence émotionnelle 135
L'intelligence spirituelle 138
Les dangers à éviter en allant vers les autres 140
Les terrains de création de liens 144

8. La boîte à outils pour aider à la réparation du lien 149

La prise en charge par une thérapie 149
La promesse des neurosciences 165
La méditation en « pleine conscience » 169
En résumé 170

Conclusion 175

Du même auteur

Pour que mon enfant réussisse,
le soutenir et l'accompagner,
Albin Michel, 2010.

L'Adulte surdoué.
Apprendre à faire simple quand on est compliqué,
Albin Michel, 2011.

Le Petit Surdoué de 6 mois à 6 ans,
avec Sophie Carquain,
Albin Michel, 2013.

Chez le même éditeur

Rose-Marie Charest, *La dynamique amoureuse. L'alchimie du couple*

Dr Stéphane Clerget, *Les kilos émotionnels. Comment s'en libérer*

Elsa Godard, *Ce qui dépend de moi. Petites leçons de sagesse*

Monique de Kermadec, *L'adulte surdoué. Apprendre à faire simple quand on est compliqué*

Dr Sylvain Mimoun, *Ce que les femmes préfèrent*

Dr Sylvain Mimoun et Rica Étienne, *Sexe et sentiments version homme*

— *Sexe et sentiments version femme*

Nicole Prieur, *Petits règlements de comptes en famille*

Bernard Prieur et Sophie Guillou, *L'argent dans le couple*

Isabelle de Roux et Karine Segard, *Ma famille, mes fantômes. Guérir du lien quand il fait mal*

Maryse Vaillant, *Les hommes, l'amour, la fidélité*

— *Être mère : mission impossible ?*

Maryse Vaillant et Sophie Carquain, *Entre sœurs, une question de féminité*

— *Récits de divan, propos de fauteuil. Comment la psychanalyse peut changer la vie*

— *La répétition amoureuse. Sortir de l'échec*

Composition IGS-CP
Impression CPI Bussière en août 2017
Éditions Albin Michel
22, rue Huyghens, 75014 Paris
www.albin-michel.fr
ISBN : 978-2-226-32349-1
N° d'édition : 22051/06 – N° d'impression : 2031578
Dépôt légal : janvier 2016
Imprimé en France